デジタルトランスフォーメーション

破壊的イノベーションを勝ち抜くデジタル戦略・組織のつくり方

Digital Transformation

ベイカレント・コンサルティング

日経BP社

はじめに

破壊的イノベーションの幕開け

本格的なデジタル時代に突入した。デジタルを活用した新しいサービスや企業が次々と生まれている。

最新のＩＴを活用して、新しいビジネスを生み出している代表的プレイヤーは、アップルやグーグルであり、ウーバー・テクノロジーズだ。既存の産業に対して新しいビジネスモデルを持ち込み、破壊的インパクトを与える。

インパクトを受けるのは、一部の産業に限った話ではない。「ＩＴにより、米国の総雇用者の約47％の仕事が自動化される」との研究結果[*1]が、世の中を驚かした。どの産業においても破壊的イノベーションが起こり得る。

１９９０年代後半、『イノベーションのジレンマ』が発表された。新しい技術、製品、ビジネスモデルがもたらす変化は、「破壊的イノベーション（Disruptive Innovation）」[*2]と呼ばれた。難しい技術に対応してきた優良企業であっても、新しい技術への対応に失敗して凋落することを示している。カセットテープからフロッピーディスク、光ディスクという技術の進歩に代表される例だ。

2013年に『デジタル・ディスラプション』[*3]が発表された。これまで起きていた破壊的イノベーションは、デジタル技術を活用することで百倍加速化する、という内容だ。最新のITを活用することが簡単になり、アイデアさえあれば大企業でなくても新しい事業を始めることができる。

破壊的イノベーションにより深刻な影響を受けている業界の一つは、家電業界だ。これまでは匠の技術を駆使して高品質な製品が造られてきたが、基本的なデジタル部品を組み合わせることで、消費者が満足する品質の製品が作り上げられるようになった。これによって、日本企業の優位性が崩れた。

自動車業界において「自動運転」が最初に提唱されたとき、本気にする人は少数だった。しかし今や、米国では実証実験が進められ、公道を無人の車が走る。日本でも実用化が進められており、自動車業界だけでなく関連業界は危機感を強めている。

金融業界でも、FinTech(フィンテック)が盛り上がりを見せている。代表選手であるペイパルは個人間の決済を行うビジネスを開始したが、開始当初は規模が小さく、米国の大手銀行は相手にしていなかった。それがいつの間にか大きく成長を遂げ、大手銀行を脅かす存在になった。

これまでのイノベーションとデジタルイノベーションとの差は、参入障壁の低下と事業化に至るまでのスピードにある。デジタルディスラプター（デジタルによる破壊者）は、少しでも非効率が存在すると考えた業界に、最新のＩＴを持ち込む。既存の商習慣や規制は気にしない。

企業にとっての競争相手は、同じ業界に位置する他社だけではなくなった。欧米で成功を収めたＩＴ企業は、容赦なく新しいサービスを展開する。これまで築き上げてきた技術や成功体験に胡坐をかいていては、足元をすくわれる。

顧客のデジタル武装が進む

ＩＴ技術の進歩に伴い、顧客のデジタル武装は進み、デジタル時代における主導権を握り始めた。

スマートフォンやＧＰＳ（全地球測位システム）を活用したアプリを使いこなし、利便性や快適性を獲得することができる。デジタル空間を活用したコミュニケーションサービスも充実してきた。Ｆａｃｅｂｏｏｋやhttps://Ｔｗｉｔｔｅｒ、ＬＩＮＥなどにより、自分が得た情報や経験は、あっという間に共有することができる。

デジタル空間における情報の広がりにより、製品・サービスを提供する側よりも、サービスを受ける側のほうが情報量を豊富に持つ。店舗やコールセンターというリアルな顧客窓口は、デジタル空間における情報を把握・理解した上で接客に当たらなければならない。

実際に製品やサービスを使った情報は拡散する。噂が噂を呼んで売れ続ける製品・サービスもあれば、悪評が立ち凋落してしまうものもある。競合他社の後塵を拝するだけではない。顧客が企業を潰してしまう可能性も否定できない。

ＩＴを活用して破壊的イノベーションを推進する企業、デジタルディスラプターは、顧客に新しい感動を呼び起こすサービスを提供する。顧客はさらに進化し、古臭くなったサービスには見向きもしなくなる。

既存の事業が上手くいっているほど注意が必要だ。これまで優良な顧客だったからといって、今後も顧客でいるとは限らない。新しい製品・サービスに顧客を奪われる可能性はないのか、といった点検を定期的に行うことが必要だ。

デジタル時代を勝ち抜く戦略が必要

今、企業に必要とされているデジタル戦略は、「今のビジネスや業務に対してＩＴを活用すること」ではない。「最新のＩＴを活用し、顧客経験に訴求したサービスを提供すること」が目的なのである。それにより売り上げを向上させるのだ。

革新的なサービスを立ち上げて顧客を驚かせることは必要だが、既存の製品・サービスについても顧客経験に訴求する取り組みが重要である。このためには、顧客行動や価値判断がどのように変化しているのかということと、その深層にある大きな流れを理解しなければならない。表層的な動向だけを追っていたのでは、本質的な変化を見誤る。

インターネット上に流れている情報に対する感度を高く持ち、製品・サービスの利便性を高めるようにデジタル技術を活用する取り組みは増えてきた。スマホで使えるアプリを充実して利便性を高める、ＡＩ（人工知能）技術やＩｏＴ（モノのインターネット）といった最新技術を導入して業務生産性を向上する、というものだ。

リアルチャネルとデジタルチャネルを融合することも必要だ。ＥＣ（電子商取引）サイトを構築しても、リアル店舗の機能を補完するだけの役割では、これまでと何も変わらない。企業として、製品・サービスとして、デジタル空間で発信されている情報が、リアルチャネルでも統一され、顧客経験に訴求するようになっていることが重要となる。

違う製品・サービスであっても、顧客が利用できる機能や、発信されているメッセージについては統一化する。アプリ画面のユーザーインタフェースという話ではない。顧客の経験に対して、違和感を持たないようにするためだ。

自社の事業を総ざらいし、自社として本質的なデジタル戦略を構築するタイミングに差し掛かっているのだ。新しいデジタル時代を勝ち抜く戦略を立案しなければならない。

デジタルによる企業変革を図れ

新しいビジネスモデルを創り出すのであれば、自らが「創造的破壊者」になるデジタル組織を作り、必要な要員を採用・教育し、従来の常識を否定して新しいビジネスを創出することが必要だ。

従来の業務や組織の考え方にとらわれていては上手くいかない。まったく別の新しい会社を作る意気込みが求められる。競合する相手はディスラプターなのだ。同等のスピード感と推進力がないと勝てない。新事業が、既存事業とバッティングすることも起きるだろう。だが、躊躇せず前進していかなければならない。

これまでの企業文化を大きく変えることも必要だ。雇用形態や人事制度などの事業基盤も変えていく必要があるだろう。既得権益に守られた人たちからの反対を受けても、改革を進めなければならない。

一方、既存の製品・サービスにおいて、デジタル戦略を構築して実現化している場合には、全社的視点で整合性を取る機能が必要になる。事業部門のデジタル戦略に対して、横串を通す役割を持つ組織だ。

事業部門からすると、自分たちの製品・サービスを進めるうえでの足かせになる、と考えてしまうかもしれない。だが、顧客目線に立ったデジタル戦略を実行していくためには、全社最適の目線で大所高所から考える必要があるのだ。

本書においては、新たな時代を勝ち抜くために必要な、デジタルトランスフォーメーション（デジタルによる企業変革）について提言している。どのようにデジタル戦略を進めていくべきかを考えている経営幹部や事業企画部門の方々に是非読んでいただき、今後の方向性を考える上での参考にしていただければ光栄である。

＊1「雇用の未来」英オックスフォード大学　マイケル・A・オズボーン准教授
＊2 1995年に、クレイトン・クリステンセンがジョセフ・バウアーとの共著論文にて、「ディスラプティブ・テクノロジー(Disruptive Technology)」というコンセプトが元になっている
＊3 ジェイムズ・マキヴェィイ著書　（実業之日本社）

目次

第６章 デジタル組織への転換

第1章

デジタル技術が変える近い将来

デジタル技術の急速な発展

ＩｏＴ（モノのインターネット）やＦｉｎＴｅｃｈ（フィンテック）をはじめとするデジタル時代が本格的に到来した。

スマートフォンなどのスマート端末や、ＧＰＳ（全地球測位システム）などのセンシングデバイスが普及し、インターネットのブロードバンド化などの通信技術が発達したことによる貢献が大きい。コンピュータの処理能力も大幅に向上し、ビッグデータ分析などが容易にできるようになった。

我々の生活の中において、デジタル技術を活用した製品やサービスが急速に浸透した。電車に乗ると、多くの人がスマートフォンの画面に見入っている。新聞や漫画を読む。ゲームに興じる。電子メールやソーシャルメディアを使って友人と写真や動画を交換する。

情報の検索、収集、発信について、以前よりも全く手間がかからなくなった。便利さを超えて、デジタル空間で自己充実感を満たすことができる。業務においても重要な連絡手段となった。持ち運ぶのを忘れると、落ち着かないし、業務に支障をきたす。

次世代技術で着目されているのがＡＩ（人工知能）とＶＲ（仮想現実）だ。

ＡＩ技術は第三次ブームを迎えたと言われる。コンピュータが自分で「概念」を獲得する機械学習ができるようになった。第二次ブームでは限界だった知識の面で、インターネット上の大量かつ最新の情報を使えるようになった。

グーグルが開発した「ＡｌｐｈａＧｏ（アルファ碁）」は世界最強と称されるプロ棋士を破ったし、日本ではＡＩが書いた小説は星新一賞の一次予選を通過した。オックスフォード大学のマイケル・Ａ・オズボーン准教授が発表した「雇用の未来」は世界に衝撃を与えた。２０４５年には、ＡＩが人類の知能を超えるシンギュラリティ（技術的特異点）を迎えるとまで言われている。

ＶＲも注目されている。Ｖｉｒｔｕａｌ Ｒｅａｌｉｔｙ（バーチャル・リアリティ）の略名だが、「コンピュータが生み出した現実ではない3次元空間」のことだ。仮想空間上でのゲームだけでなく、航空機の訓練や、医療現場などで活用することが期待されている。

一昔前のＶＲ装置は非常に高価だったが、スマートフォンの普及で発達した技術を使い、低価格化が期待されている。高解像度スクリーンや、位置をトラッキングするセンサー、３６０度の動画を撮影できるモジュール式カメラなどだ。

ＩｏＴも進化を続け、２０２０年には数百億台のデバイスが接続されると予測されている。大容量のデータ解析を行うビッグデータ解析との組み合わせにより、工場内製品の不良率の低減や製造ラインの予防保全に効果が上がっている。

ＩｏＴは今後、自動車の「コネクティッドカー」、住まいの「コネクティッドホーム」のように、我々の生活をより便利・快適にする領域での活用が注目されている。車や家の中の状況を、様々なセンサーにより取得し、ネットワークを介して集積・分析する。緊急時の通報だけでなく、温度調節など、外出先からの遠隔操作を可能にする。

農業、漁業、林業といった第一次産業においても、ＩｏＴが生産性改善に貢献することが期待されている。土壌や海水における温度や栄養分などの環境を分析することで、生物の成長を促進する。

産業構造を変革する力

こうした動きを背景として、産業構造が大きく変わりつつある。これまでデジタル、すなわちＩＴは既存の事業や業務を効率化するためのツールであった。ＩＴ産業自身も、既存産業を下支える産業という構図であった。

だが、ＩＴの進化は、既存の産業を大きく変える力を持つようになった。Ｆｉｎ Ｔｅｃｈとは、ＩＴ産業が金融事業を行うことにほかならない。金融機関は一様に危機感を強め、新規サービスの検討に着手している。これまでのサービスとバッティングする可能性はあるが、着手しておかないとＩＴ産業に先を越される恐れがあるからだ。

自動運転技術の開発企業の中にはＩＴ企業の名前が踊り、近い将来日本の主力である自動車産業を揺るがす可能性を秘めている。その影響は自動車メーカーだけでなく、その周辺で事業を展開している企業にまで及ぶ。例えば、部品メーカー、保険、ローン、エネルギーなど数え上げるとキリがない。

これまで当局の規制に守られてきた産業についても安心はできない。新興企業、特に海外のＩＴ企業は消費者らを味方につけ、規制をモノともしない。規制当局も、安全性が確保でき、消費者が利便性を感じて一定の市民権を獲得したサービスについては、重い腰を上げざるを得ない。「規制があるから」といって何もしないでいることは許されなくなる。

革新的なビジネスモデルを作り上げてきた海外のＩＴ企業は、優秀な人材を好条件で採用する。従業員に均質化を求めるような企業風土でなく、イノベーションを起こすための企業構造を実現している。新しいことを始めるのが好きな人材にとっては、魅力的な職場環境に映る。

既存領域で事業を成功させてきた企業であっても、今後攻め込まれる可能性は否定できない。今後の自社の事業がどうあるべきかに対して、これまで以上に真剣に向き合わないと、突然現れた新興のＩＴ企業にシェアを奪われるだろう。

デジタル技術の進歩により、顧客が許容する品質を確保することが以前より簡単になったことも、既存の企業にとっては脅威だ。新興企業でも、家電がその典型で必要な電子部品を外部から調達することで、一定の品質のものを造れるようになった。

これまで大ヒット商品を出したり、圧倒的なシェアを誇っていたりして、利益を上げ続けてきた企業は特に注意が必要である。これまでの事業で売り上げや利益を十分に確保してきたとの自負がある。社内で「何も無理してデジタルなど活用しなくてもよいのではないか」「まわりに踊らされているだけ」との意識が蔓延している可能性がある。

ただし、他社が簡単には真似できない技術、特にデジタル以外の技術を持ち、グローバルでも高いシェアを持つ企業ならば、事業規模にかかわりなく生き残ることができるだろう。他社が今から参入してきても、技術に追い付きシェアを奪うには、相当の時間がかかるからだ。デジタルと無縁の技術で勝負することもまた、デジタル時代における重要な戦略の一つである。

オープンイノベーションの加速化

製品・サービスの優位性を確保することは、これまで企業にとって最も重要な差異化戦略だった。他社に先行して優れた製品・サービスを提供することで、長期にわたる優位性を確保することができた。だが、製品・サービスのデジタル化が進むと模倣されやすくなるし、必要十分な品質も担保されやすくなるため、競合他社に追い付かれるまでの時間は短くなった。

これまでもスピード感は重要だったが、デジタルの世界では時間軸が極端に短い。顧客からの支持を得ながら、サービスを一気呵成に拡大できれば、新興企業であっても短期間で事業を拡大できる。それは、2000年半ばに現れた新興のＩＴ企業の成功が証明してきた。

こういったスピード感を従来の大企業が持ち続けるのは難しい。どうしても既存のビジネスでの短期的な施策が優先される。将来性を十分に見通せない段階で、新しいデジタルビジネスに対して、優先的に経営リソースを割く判断を下しづらい。

デジタルのスピード感に対応できず、社内のリソースも十分に活用できないのだとすると、自社だけですべてを作り上げるのは難しい。それを打開する手段として注目されているがオープンイノベーションである。新興企業などと協業、あるいは資本提携し、彼らが保有している強い技術を生かして、サービスを迅速に立ち上げるのだ。シリコンバレーをはじめ新興企業への投資が年々増加しているのはこのためだ。

企業によっては、ビジネスのバリューチェーン全体をリードするビジネス基盤的な役割を担い、チェーンのどこかを他社の強みによって補強する形で提携することが効果的な場合もあるだろう。逆にバリューチェーンのどこか一つの役割を担うモデルが、自社にとって有効かもしれない。自社の強みとバリューチェーン上の役割との整合性を取ることで、オープンイノベーションが機能する。

リアルな世界との融合

デジタルビジネスといっても、デジタルの世界だけに閉じてサービスを展開しているわけではない。実際に顧客にサービスを提供するのは、店舗や受付カウンター、さらにはコールセンターといったリアルでの顧客接点である場合が多い。

ネット専業のサービスであっても、ＥＣ（電子商取引）サイトで販売すると、宅配会社などに届けてもらうことが必要となる。サービス内容への質問や商品へのクレームを受け付けるコールセンターも必要になる。

ネット上で提供されているサービスとリアルチャネルでのサービスとのレベルに食い違いがあると、顧客は違和感を抱く。目ざとく見つけて、その違和感をソーシャルメディアなどデジタル空間に発信する。

リアルチャネルへアクセスする際も、顧客はネット上で情報を探してから出向く。ネットで調べても分からない情報をリアルチャネルで確認しようとする。ネットでの情報を都合よく解釈し、店舗などで主張する可能性もある。リアルチャネルを主に使う顧客であっても、デジタル空間での情報を参考にしているケースも多い。

本来なら、製品やサービスの内容について提供企業のほうが詳しく知っているはずだ。しかしネット上には、提供企業からだけではなく、消費者から発信された情報も掲載されている。「情報の非対称性」とは、企業よりも消費者のほうに情報が少ないことを意味していた。それが今や、消費者側が持つ情報のほうが多いという逆転現象が生起している。

このため、ネットに出ている情報を、リアルチャネルの従業員が知らなければ、サービス応対に支障が出る。現場でバッシングを受けるのは従業員なのだ。「なぜ会社は知らせてくれないのか」といった不信感につながる可能性もある。

こうした事態に立ち至らないようにするためには、企業側は、現場の従業員が顧客応対で困惑するような曖昧な情報が出回らないように細心の注意を払う必要がある。従業員には、公表されている情報を周知させ、質問に対する回答やサービスレベルを均質化するように徹底しなければならない。

現場の隅々にまで情報を行き渡らせるためには、最新情報を知らせる仕組みやプロセスの構築が求められる。顧客視点が大前提ではあるものの、企業を守り、従業員を守ることにも注意が必要となっている。

デジタル技術の進歩により、企業はあらゆる活動に一貫性を担保する必要に迫られている。もしデジタル空間に発信された情報に対して、リアルチャネルで提供されるサービスに違いを設けるのであれば、それを明確に説明できなければならない。

デジタルでもリアルでも、顧客は一貫して満足できる経験を望んでいる。

カスタマーエクスペリエンスの重要性

進化したのは技術だけではなく、それを利用する顧客の考え方や行動も進化した。生活が豊かになってきた結果、より快適で楽しい経験を得ることができる製品やサービスを求めるようになった。

既存の製品やサービスを電子化しただけでは、顧客の感動を呼ぶことは難しい。顧客が「面白い」と感じて、他人に紹介したくなるかどうかが鍵となる。成功するためには、顧客が驚くような実経験、いわゆるカスタマーエクスペリエンス（ＣＸ）を提供することが必須となる。

顧客は自身のＣＸをもとに、サービスに優劣をつける。顧客としての感想をソーシャルメディアに流すことで、その顧客経験はネットの世界を介してあっという間に広がる。それを見た消費者が「面白い」と思えば、一斉に同じ製品やサービスを使い始める。飽きれば次のものをデジタル空間に探しに行く。

高度化する顧客の欲求に応えていくためには、顧客が何に「快適性」「面白さ」を感じるのか、について企業がアンテナを高く張っておく必要がある。「顧客が何に価値を感じるのか」「顧客の嗜好はどのように変化しているのか」をきちんと考えておかなければ、顧客からの支持を失い、製品やサービスは売れなくなる。規模が大きく歴史のある企業であっても、存亡に影響を与える可能性さえ否定できない。

特に直接顧客へ販売していない、いわゆる、Ｂ２Ｂ２Ｃ（企業対企業対消費者：企業が他の企業へ製品やサービスを提供し、提供を受けた企業が一般消費者へ提供する取引形態のこと）の事業形態を取っている企業は、最新の顧客情報を常に把握して、顧客の支持を得られるＣＸを提供するのは難しい。

日本を代表する多くの消費財メーカーはこのＢ２Ｂ２Ｃ型で、顧客接点の多くを小売店などに依存している。ネットでの情報提供、あるいは新たなサービス提供などと組み合わせ、顧客から支持される一貫したＣＸの提供が喫緊の課題である。

ところで、ＣＸというと、よくＰＣやスマートフォンのアプリケーションなどのユーザーインタフェース（ＵＩ）と混同されるが、全く異なる概念だ。ＣＸはこれまで説明してきたように、様々な顧客接点を通じての顧客の実経験である。一方、ＵＩはアプリという顧客接点の一つである。

従って、アプリなどを提供する場合には、操作性などだけが眼目の従来のＵＩではなく、ＣＸの観点からみたＵＩデザインが求められる。ここでいうデザインとは、顧客に対する一連のサービスのことだ。場合によっては、ビジネスモデルそのものである。

そこで注目されるのが、米国スタンフォード大学が提唱する「デザイン思考」という概念だ。具体的には、ＣＸに関するエキスパートであるデザイナーの主導でサービスを作り出そうという発想だ。

実際に、最近はデザイナーがＩＴ企業を立ち上げるケースが増えてきた。ＩＴ起業家と言えば「工学部出身のエンジニア」のイメージが強い。だが、民泊サービスを展開している米国のエアビーアンドビーの共同創業者３人のうち２人は、美術大学を卒業したデザイナーである。

新しく事業を立ち上げたスタートアップ企業のうち、推定企業評価額が10億ドル以上の未公開企業は「ユニコーン」と呼ばれる。そうした全世界のユニコーンの創業者のうち、約2割がデザインや芸術を学んだというレポートもある。

CXの重要性が強調されるようになったのは、情報拡散の速度が格段に上がったことと、顧客の欲求レベルが上がってきたためだ。今のサービスに満足できない顧客は、より快適な空間を見つけるとすぐに乗り替える。CXが低ければ、風評リスクにさえ発展しかねない。

顧客の欲求を満たした結果、顧客の欲求はさらに高くなり、ますます顧客中心の世界ができ上がる。デジタル時代における主導権は、サービスを提供する企業側から、サービスを受ける顧客側に移りつつある。

デジタルマーケティングの高度化

メールやインターネットなどの電子メディアにより、製品やサービスの広告・宣伝を行う手法は、デジタルマーケティングと呼ばれる。ビッグデータ解析やAI技術の進歩により、個々の顧客に対して、One to One（1対1）に近いマーケティングを行うことが可能となった。その人の興味を探り出し、適切と思われるような広告・宣伝を行うのである。

デジタルマーケティングは、B2C（企業対消費者）向けで始まったのだが、B2B（企業対企業）の世界で生かすように検討が進められている。B2Bといえども、意思決定は一人の個人がするわけで、キーパーソンを見分けて狙い撃ちするわけだ。

ソーシャルメディアは元々、個人の間をつなぐ目的でP2P（個人対個人）向けだった。それが、企業のマーケティングツールとしても活用されるようになった。消費者間で「便利なもの」として発展したサービスが、その延長線上で企業が使うようになってきた。

デジタル空間でのコミュニケーションは、B2CやB2Bといったビジネスを超えて、さらに大きな力にもなり得る。その象徴的な出来事が、2010年にチュニジアで起きた「ジャスミン革命」であった。個人が使ってきたFacebookやTwitter、YouTubeなどが民主化デモの触媒となったのである。

マスメディアが情報をコントロールする時代は終わった。個人が情報発信し、日本中、場合によっては世界中の人たちがそれをリアルタイムに見る。そんな時代であることを前提に、企業はマーケティング戦略を構築しなければならないのである。

デジタル時代に対応した体制構築

複数の製品・サービスを持つ企業の場合、事業遂行上の効率性を求めるために、組織を製品・サービスなどの事業単位に構成することが一般的だ。しかし、各部門が個別最適にデジタル戦略を実行すると、顧客からは企業としての戦略やCXがバラバラで一貫していないように見える恐れがある。

製品・サービスごとに違和感がなく、リアルチャネルとデジタルチャネルに一貫し、B2C、B2Bを考慮した、全社的なデジタル戦略が求められる。全社的視点でデジタル戦略を構築することが重要になってきたのだ。しかも、戦略は実行しながら継続的に見直していかないと、すぐに陳腐化することになる。

企業内で一貫性を保つためには、全社のデジタル戦略を計画して実行する部門を設置することが適している。顧客に製品・サービスを提供しているそれぞれの事業部門とは独立した組織である。企業としての一貫した方針を出し、それを各事業部門に実行させる。

これがデジタル戦略部門であり、その最高責任者としてCDO（Chief Digital Officer：最高デジタル責任者）を置く。最近、CDOが少しずつメディアでも紹介されるようになった。各事業部門で実行しているデジタル施策を束ねて、全社としての方向性を出す役割だ。

企業規模が大きくなれば、部門間の利害関係は複雑化する。横断型組織を作っても、利害関係に配慮し過ぎていては、全社として一貫した戦略を実行していくことが難しい。一般的な企業組織においては、屋台骨を担ってきた事業部門が大きな影響力を持つ。売り上げが大きい、経営トップの出身事業部門が主導権を握る傾向がある。全社横断的なデジタル戦略組織を作っても、言うことを聞いてくれない場合も多い。

デジタル戦略部門が策定した全社戦略に基づき、具体的なサービスを提供するのは各事業部門である。そうした体制を実現できるようにするには、デジタル戦略部門やCDOはにデジタル戦略の立案だけでなく実行に移す責任と権限を持たせる。組織力学に屈することなく、全社的視点で最適化するためだ。

デジタル戦略を実行する人材のスキルは、従来の事業や業務を遂行してきた人材のそれとは異なる。必要とされるのは、革新的アイデアを創造して実現できる能力だ。市場動向を読んで自社の方向性を定め、自身が先頭に立って組織を誘導する。

デジタルの時代に求められるのは、変化に柔軟に対応できる体制だ。従来の事業組織の中で上手く渡ってきた人材ではなく、カオスな環境下で新しい事業やサービスを創り上げ、結果を残してきた人材がモノを言う。

だからこそ、ダイバーシティ（多様性）の重要性も唱えられる。様々な環境で、色々な経験をしてきた人材が知恵を絞り合うことで、新しいサービスが生まれる。

デジタル化を担う新しいリーダーの育成の必要性が叫ばれているのも、同じ背景に基づく。組織全体の方向性を決めて引っ張っていくためには、強いリーダーシップが求められる。若いうちから鍛えておく必要があると考えられるようになってきた。

こうした人材は、どの企業でも必要とされている。人材の流動性はさらに進むことを想定すると、企業側は才能豊かな尖った人材を引き付けておく土壌を整えることも急務だ。そのためにも、新たな取り組みにチャレンジすることを奨励する組織文化を醸成することが重要である。

ディスラプションをどう乗り切るか

こうした環境における企業にとっての命題は、「最新のＩＴをどのように自社の事業に生かして売り上げを伸ばすか」にほかならない。この大きな環境変化を自社の味方にしない手はない。繰り返しだが、重要なのは自社に必要なデジタル戦略を、顧客目線で定義することである。対象とする顧客セグメントを定め、行動に関する事実を収集し、それを基にじっくり検討する。調査は主観的なものではなく、客観的に進める。従来の成功経験に基づいては方向性を見誤る。

対象顧客層が「他の人にも紹介したい」製品やサービスとは、顧客のどのような欲求を満たすものになるのか。既存の製品・サービスと一貫性を保てるものか。デジタルサービス化した場合に、既存のリアルチャネルに対して影響を与えないのか。

こうした状況に対して、競合他社はどのような手を打とうとしているのか。さらに、業際を乗り越えてきそうな強力なライバルはどのような企業なのだろうか。

どのＩＴを使って、どのようなサービスを実現すると、どの程度の売り上げが期待できるのか、を予測するのは簡単なことではない。サービスを素早く作って改善する試行錯誤を続けるしかない。上手く行きそうならば、徹底して実行する。壁に突き当たったなら、迅速に方向転換する。

従来のＩＴ投資については、「費用対効果」で評価することができた。新しいＩＴへの投資については、明確な基準で評価することが難しい。ＩＴ投資に対する考え方や評価基準についても、従来からの見方を変える必要性があるのだ。

本書では、第2章にてデジタル化に乗り損ねた企業がどのような末路を辿るのかに言及している。第3章では、波に乗り切れない主な原因について考察した。デジタルディスラプションという時代の本質について第4章で述べ、それを乗り切るための戦略の構築と実行を第5章、組織要件を第6章に記した。

本書で述べる内容を既に着手している企業もあるだろう。デジタル化の波は、我々の想像をはるかに越えて進んでいる。ここで書いた内容は数年後には「当たり前」になっており、リアルやデジタルの両方で、ＣＸを前提とした製品やサービス化は常識である世界になっているはずだ。それゆえに、企業は取り組みを加速しなければならない。

第2章

デジタル時代に対応できない企業の末路

重要度が高まるスピード感

デジタル技術の進歩により、企業における事業戦略の選択肢は格段に増えた。一方、デジタル化のタイミングと対応方法を読み違えると、大きな代償を払うことになる。

デジタル技術を活用した新しい製品やサービスは、常にその可能性を検討しておかなければならない。新サービスの展開については、既存事業から、いつ、どのように移行していくのかを決めることが難しい。既存の事業領域で高い市場シェアを持ち、成功してきた企業ほど今の事業のディスラプション（破壊）を躊躇する。結果として、新しいことへの着手が遅れる。

対応が遅れると、好調だった既存事業が外部のディスラプター（破壊者）によって大打撃を受ける。これは日本の製造業、特にハイテクメーカーが経験してきたことだ。これまでの強みに磨きをかける方に注力し、新しい技術への対応を遅らせてしまう。いわば「イノベーションのジレンマ」状態だと言える。

デジタル化とは無縁だった業界でも、ディスラプターの登場で一気に打撃を受けるケースもある。米国のＩＴ企業である、アマゾン・ドット・コム、ウーバー・テクノロジーズ、エアビーアンドビーがそうしたディスラプターの代表格だ。

こうした企業が登場した当初は、規制や商慣習が存在しているので、デジタル化による新事業の発展余地はそれほど大きくないだろうと考えられていた。ところが、その成長は大方の予想をはるかに超えた。ディスラプターたちは、既存の企業が保有していた設備や車などの資産を保有せずに事業を推進している。使っている技術も、実は難しいものではない。

共通するのは、既存の産業の隙間を突いた新しいビジネスモデルのアイデアだ。それに加えて驚嘆に値するのは、事業推進のスピードである。もともと米国で事業を開始したものだが、商習慣が異なる他国に対しても一気呵成に攻め込み、既存業界に大きな衝撃を与えているのだ。

日本のハイテク業界の惨状

かつては革新的な製品を生み出してきた家電メーカーなど日本のハイテク企業も、２０００年からは実質ゼロ成長が続いてきた。営業利益率については２０００年当時の半分未満に落ち込んでいる。それに対して、海外のグローバルなハイテク大手企業は圧倒的な高収益体制を実現してきた。

デジタル化の進展により、日本のハイテク企業は厳しい状況へと追い込まれていったのだ。製品・サービスを供給する側の環境変化と、消費者の需要の変化とを読み違えた、という点が大きい。

供給側の変化から言うと、メーカー垂直統合モデルが崩れ、水平分業のモデルへの転換が進んだ。製品を製造するための基礎的な技術にデジタル技術が使われ出したためだ。

従来のアナログ製品であれば、均一的な品質で作り上げるには製品開発や生産工程に様々なノウハウが必要で簡単ではなかった。しかし、デジタル化が進んだ結果、標準化され外部調達が可能な部品を組み合わせることで、製品を簡単に作り出せるようになった。

その結果、製品は自然に均質化して安定する。処理能力と速度も飛躍的に向上し、製造コストは大幅に下落した。それでいて、性能や品質が悪いわけではない。少なくとも消費者が気にするレベルではない。デジタル化の進行により、日本企業が得意としていた技術の優位性が失われたのだ。

単純化して言うと、真似をしやすくなった、ということだ。当然のことながら、安く造れる企業が勝つ。新興国メーカーの台頭が著しくなったのは当然の成り行きと言える。

代表的な製品がテレビである。製造に必要な半導体やディスプレイなどの部品が手に入りやすくなり、簡単に製造できるようになった。2000年代に日本企業はトップの座を韓国メーカーに明け渡した。だが、その韓国メーカーまでが一時期は赤字に転落し、中国メーカーから追い上げられている状況だ。

各企業とも、3Dテレビ、超高画質テレビ、有機ELテレビ、スマートテレビなど、次世代の高付加価値テレビに力を入れている。だが、大きく市場を伸ばすまでには至っていない。

需要側の変化としては、市場全体が縮小していることも影響している。代わりにスマートフォンやPCで映画やドラマを見る若年層などが増えたため、テレビを持たない世帯も増えている。

この変化を定量的に示してみたい。図1の面積図は、GDP（国内総生産）の規模上位30カ国を対象に、各国の人口を横軸に取り、1人当たりGDPを縦軸にとったものだ。そこに、インターネットの普及率を点で示している。

1人当たりGDPが3万ドルを超えると、普及率は80％以上となり高い水準だ。しかし、1人当たりGDPがそれを下回ると、普及率は1人当たりGDPに比例する。1人当たりGDPのしきい値を境にして、市場が二極化していることが分かる。

インターネットの普及が進んだ先進国においては、様々なカテゴリーの製品についても、ある一定の基準

図1　1人当たりのGDPとインターネット普及率の関係

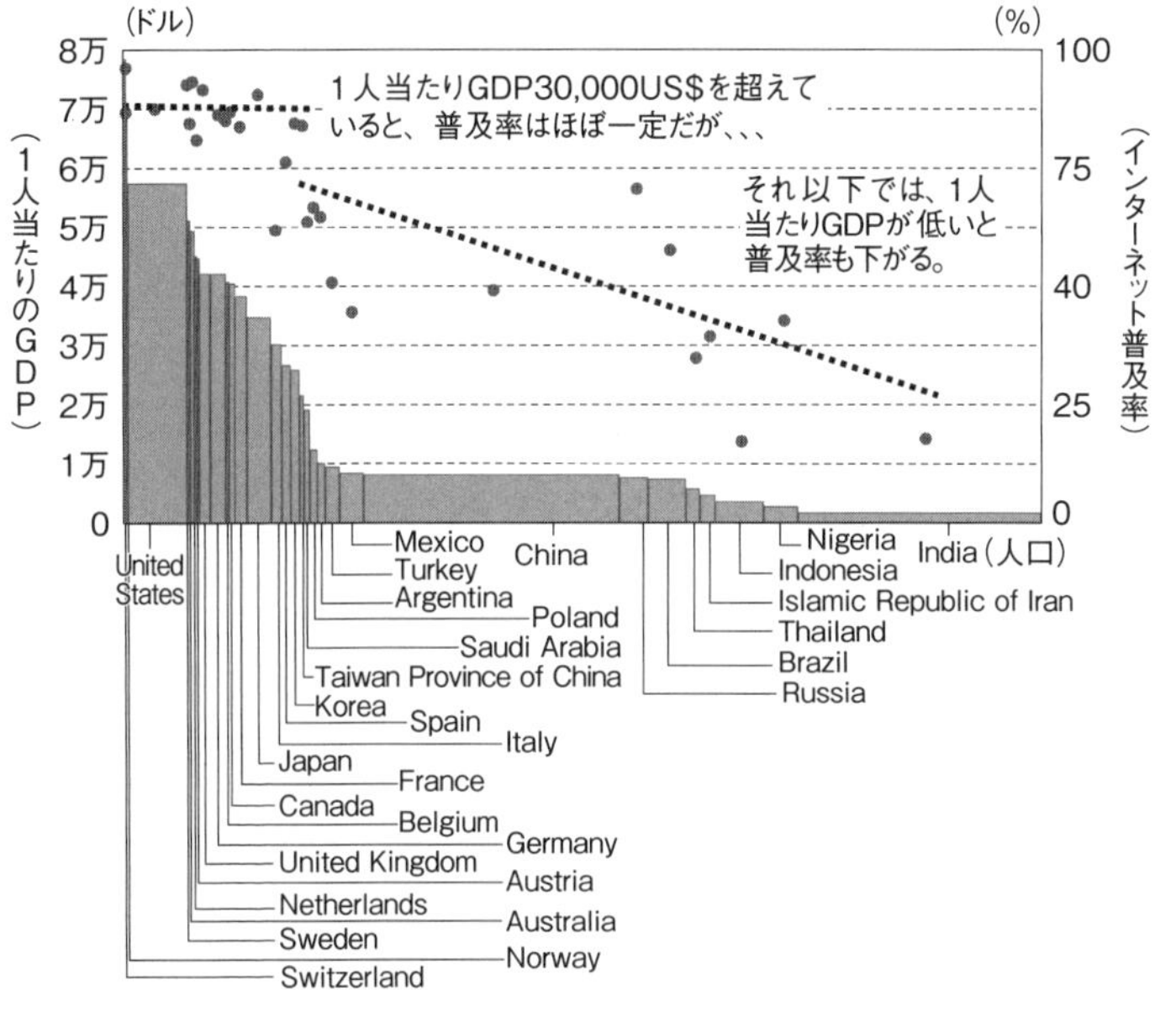

を満たす品質のものが一通り普及したと考えることができる。さらに高品質の製品を出しても、消費者はそれに見合う対価を払ってまで購入してくれなくなる。

一方、新興国においては、先進国向けの製品と同じスペックや価格ではビジネスにならない。ところが、日本をはじめとする先進国市場の頭打ちに直面した日本のハイテク企業は、日本市場で売れた製品を新興国市場に展開する戦略を採った。

当然、高すぎる性能と高すぎる価格の製品では、新たな市場を築くことは困難だった。その結果、デジタル化の波に乗り安い製品を供給する新興国メーカーが新興国市場を席巻することを許してしまったのだ。

流通・小売業がさらされるアマゾンの攻勢

ネットで書籍を注文しようとした場合、真っ先にアマゾンを使おうと考える。日本で事業を開始したのは1998年。一方、日本の書店には古くから店を構える歴史ある企業が多い。アマゾンがそれらの企業を抑え、書籍のオンライン販売を定着させることに成功した。そして今や、書籍だけでなく消費財や家電、アパレルまで、流通すべてを脅かす存在になりつつある。

アマゾンのビジョンは次の二つだ。「地球上で最も豊富な品ぞろえ」、そして「地球上で最も顧客を大切にする企業であること」。そしてこれらは、カテゴリー内の取り扱い商品数、注文してから顧客の手元に届くまでの時間、他のＥＣ（電子商取引）サイトと比較した顧客満足度などの要素に分解され、多岐にわたる数字が管理されている。

アマゾンがビジネスを行う国々には、これらの数字が他のＥＣサイトや店舗に劣後しないよう、改善の責任を負うチームが置かれている。このチームは、ＣＥＯ（最高経営責任者）であるジェフ・ベゾスの直下に設置された特別なチームであり、ＣＥＯ自らが、ビジョンの達成に責任を持ってビジネスを行っている。アニュアルレポートの中では、「多くのＩＴ企業は『自分たちが顧客を中心に考えている』と言っているが、その通りにしている企業はほとんどない」と語っている。

多くの流通業は、顧客満足の向上を掲げながら、慣習的に商品の選択眼、仕入れ、価格設定を行ってきた。これらの業務は、バイヤーの力量に任されてきた。個人のセンスに依存する属人的な仕事として扱われ、業務に関するノウハウは暗黙知のままになってきた。

アマゾンの場合、仕入れや価格設定は基本的にシステムが行う。特例を除きバイヤーはこれらの業務を行わない。情報はすべてシステムで収集・分析される。様々な商品、様々な国のデータが蓄積される。バイヤーは品ぞろえを拡大する業務に責任を負う。品ぞろえはメーカーや卸売りといった、流通を構成するプレイヤーとの交渉が欠かせず、システム的には解決できないからだ。

特約店契約を持つようなメーカーだと、アマゾンとの取引に消極的な場合も多い。既存チャネルと競合するからだ。消費者が店舗からアマゾンに移行していく中、今のビジネスモデルを維持すべきなのかについての決断が必要だ。アマゾンは、顧客からの支持を得ながら、様々な業界の既存の秩序や慣習を打ち壊している。アマゾンによるディスラプションに直面している業界の企業ならば、この状況を静観すればシェアはしぼむ一方である。

アマゾンが顧客満足度の重要な要素の一つとしている配送スピードも進化し続けている。注文から1時間で配達する「Ｐｒｉｍｅ Ｎｏｗ」が日本でも始まり、将来的にはドローンを使った配送サービスも検討されている。技術的・法的な壁がまだ厚いが、商業用に使われることで新たな可能性を秘めている。仮にドローンによる配送が実現した場合、アマゾンが蓄積しているアドバンテージは大きい。

これまでは、品ぞろえや在庫の情報を管理して顧客に推奨商品を提供するシステムと、大量の商品を蓄積・配送できる物流センターにより、顧客にサービスを提供してきた。これに配送速度が加われば、既存の業界の秩序や慣習のディスラプションはさらに進むだろう。

インバウンドが加速するディスラプション

デジタル化によるディスラプションは、今までＩＴとは縁遠かった業界にも無視できない影響を及ぼしている。大きなリスクではあるが、見方を変えればチャンスでもある。

日本への訪日外国人は、２０１５年に１３００万人を突破した。5年前のほぼ倍の増加である。円安やビザ発給条件緩和の効果も大きいと考えられるが、ソーシャルメディアなどインターネットで発信される情報により、日本の旅の楽しさが外国人の間で認知された面も大きい。

図2は、訪日外国人の情報収集に関する調査だ。それによると、日本滞在中の旅行情報源として実際に役に立ったものは、６割以上がスマートフォンにより収集したインターネットの情報なのである。旅行ガイドブックは７％程度だ。訪日外国人はスマートフォンを用いて最新の情報を収集し、より良い旅にしているわけだ。

外国人旅行客は、自分たちのルールで動く。インターネットを通じて予約していた有名料理店や旅館を当日になって平気で予約をキャンセルするし、何の連絡もよこさず来ない場合すらある。海

図2　役に立った旅行情報源についての訪日外国人の回答割合

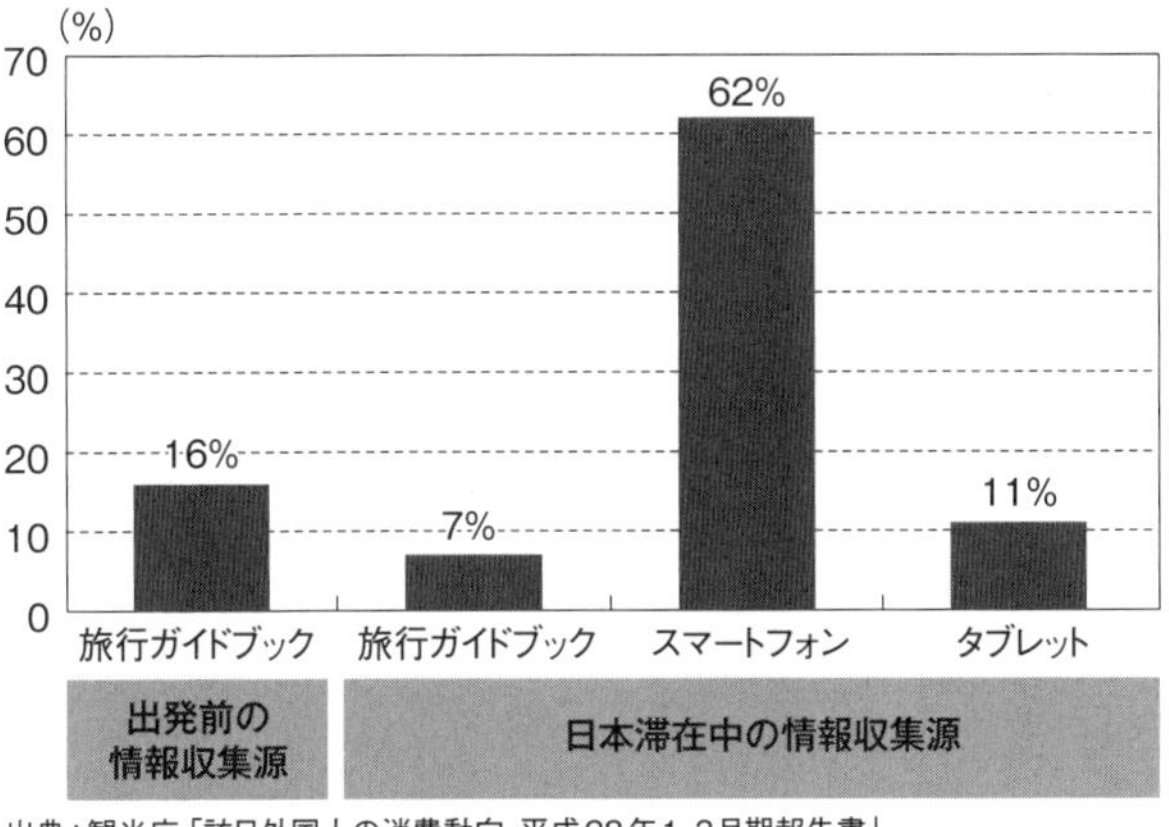

出典：観光庁「訪日外国人の消費動向 平成28年1-3月期報告書」

外では、そうした行為による損害を防ぐために、予約した顧客に対して、先払いしてもらったり、デポジット（保証金）を取ったり、クレジットカードを登録させたりするのが一般的だ。

一方、日本の料理店や旅館はこれまで「サービス提供の前にお金を頂くのは失礼」として後払いを貫いてきた。だが、インターネットなどによる集客を図るならば、そうした業界の商習慣と決別し、事前にスマートフォンで決済する仕組みなどを用意する必要がある。

それでもキャンセルが出た場合は、Ｔｗｉｔｔｅｒなどの即時性の高いメディアを通じて、キャンセル待ちの客に対して、空いた席や空いた部屋をオファーすることもできる。これは問題が起こった場合の攻めの策となる。

攻守両方のデジタル戦略なくしては、訪日外国人の需要はリスクでしかない。決済などデジタル化されたサービスを活用し、グローバルルールも取り込んでいく努力をする必要がある。デジタルに対応するのであれば、徹底して行うことだ。そうでなければ、先細る国内市場で商売するしかなくなってしまう。

シェアリングエコノミーの加速

インバウンドの活性化にも後押しされ、２０１４年５月にエアビーアンドビーの日本法人が設立された。エアビーアンドビーは２００８年８月にサンフランシスコで設立され、宿泊施設や空き部屋などを貸したい人と、借りたい人を仲介するサイト「Ａｉｒｂｎｂ」を運営する。現在は世界192カ国の3万3000の都市で80万以上の宿を提供している。非公開企業だが、その評価額は世界最大級の240億ドルと言われている。

日本でも、インターネット上で民泊を仲介するプラットフォームとして利用され、利用者の93%が海外ユーザーであると発表されている。2015年の1年間で、居住空間を貸し出している人（ホスト）に、平均122万2400円の年間収入額をもたらしている。

当然のことながら、ホテル業界からは反発を呼ぶ。フランスでは、1日に1件のホテルが廃業か倒産に追い込まれている、との訴えがあった。ニューヨークでも、民泊を規制する法案が通過した。民間のアパートや家屋を30日以下の短期滞在向けに貸し出すことを禁止するものである。

日本では、宿泊期間が1カ月未満の施設では原則として旅館業法が適用され、営業許可が必要となる。フロントの設置、宿泊者名簿の作成義務、衛生管理、保健所による立入検査に加えて、消防法や建築基準法による規制もクリアする必要がある。

一方、折からのインバウンドブームのため、都内のホテルは満室が続く。東京オリンピックを迎えて、ホテルの数が不足すると言われている。このため、政府は国家戦略特区を設定し、その中での特定認定を受けることで、特区民泊が実施できるようにしようとしている。

こうした法規制が進んでも、マナーの悪い宿泊客に利用された場合、騒音やゴミ投棄などで近隣住民とのトラブルに発展する可能性がある。違法薬物、感染症、売春、テロなどの犯罪の温床になる可能性も否定できない。投機目的でマンションを所有するケースが増えると、不動産価格の高騰を招く。

しばらくは混乱が続くことが予想される。だが、明らかに民泊のニーズは存在し、当局や関係者による問題解決が図られていくものと期待される。ビジネスチャンスと捉えて、市場に新規参入するプレイヤーも考えられる。問題は、エアビーアンドビーというディスラプターが生み出す将来の行く末を想定し、既存のホテルや旅館業者がどのように動くかだ。

エアビーアンドビーと共にディスラプターの雄として語られるのがウーバーだ。配車アプリと自動車配車サイトを提供している。2009年にサンフランシスコで設立され、現在は世界58カ国・地域の300都市でサービスを展開し、瞬く間に〝世界最大のタクシー会社〟となった。

一般的なタクシーの配車に加え、一般人が自分の空き時間と自家用車を使って他人を運ぶライドシェアの仕組みを構築している。顧客が運転手を評価すると同時に、運転手も顧客を評価する「相互評価」を実施する。評価の高い運転手を選ぶことができる半面、自分自身が良い顧客でないと運転手から敬遠されることになる。

米国などでは爆発的に事業を伸ばしてきた。米国では多くのタクシー会社を経営危機に追い込んだことで、タクシー業界からの反発が根強い。国や地域によっては、運輸当局から営業禁止命令を受けているところもある。

日本でも一度、国土交通省から「自家用車による運送サービスは白タク行為に当たる」として、サービスを中止するよう指導が入った。トヨタ自動車がウーバーへの出資を決め、大きなニュースになったが、「規制などの状況を踏まえて日本は協力の対象外にした」としている。

２０１６年になってようやく、交通空白地であるとの理由により、日本で初めて一般の運転手が客を有料で同乗させる事業が、京都府京丹後市で始まった。乗車できるのは一部地域に制限され、運転手や車両は国に登録が必要だ。

ウーバーは、様々な国や地域における既得権益と戦いながらビジネスの拡大を続けている。まさにタクシー業界に対するディスラプターである。まだ対象はタクシーだが、他の運送手段にまで拡大することも否定できない。

移り変わる「ＩＴの盟主」

これまで成功を収めてきたＩＴ企業も、今後のデジタル時代を乗り切れるかどうかは定かでない。

図３は主要ＩＴ企業の直近４年間時価総額の推移だ。ソーシャルメディアの代表格であるフェイスブックが上場した２０１２年５月９日の時価総額を１００として、２０１６年４月末

までの時価総額の推移をグラフ化した。

　ＩＴの巨人ＩＢＭは時価総額を半分近くまで減少させた。ＩＢＭの歴史はコンピュータの歴史そのものである。１９６０年代からコンピュータの進化をリードし、いまだにメインフレームでは高いシェアを誇る。１９９０年代には業績が悪化するが、ルー・ガースナーによる改革で、システムインテグレータ、さらにはソリューションビジネスへと自らの事業を進化させてきた。今後の中核事業として、クラウドなどに加え、「Ｗａｔｓｏｎ」といったＡＩによるソリューション提供を掲げている。それでも、新たなビジネスの成長スピードが、既存ビジネスの減速に追いつかず、振るわない決算が続いている。

　マイクロソフトはＰＣ向けにＷｉｎｄｏ

図３　主要IT企業の時価総額の推移2012年5月の時価総額を100とした指数

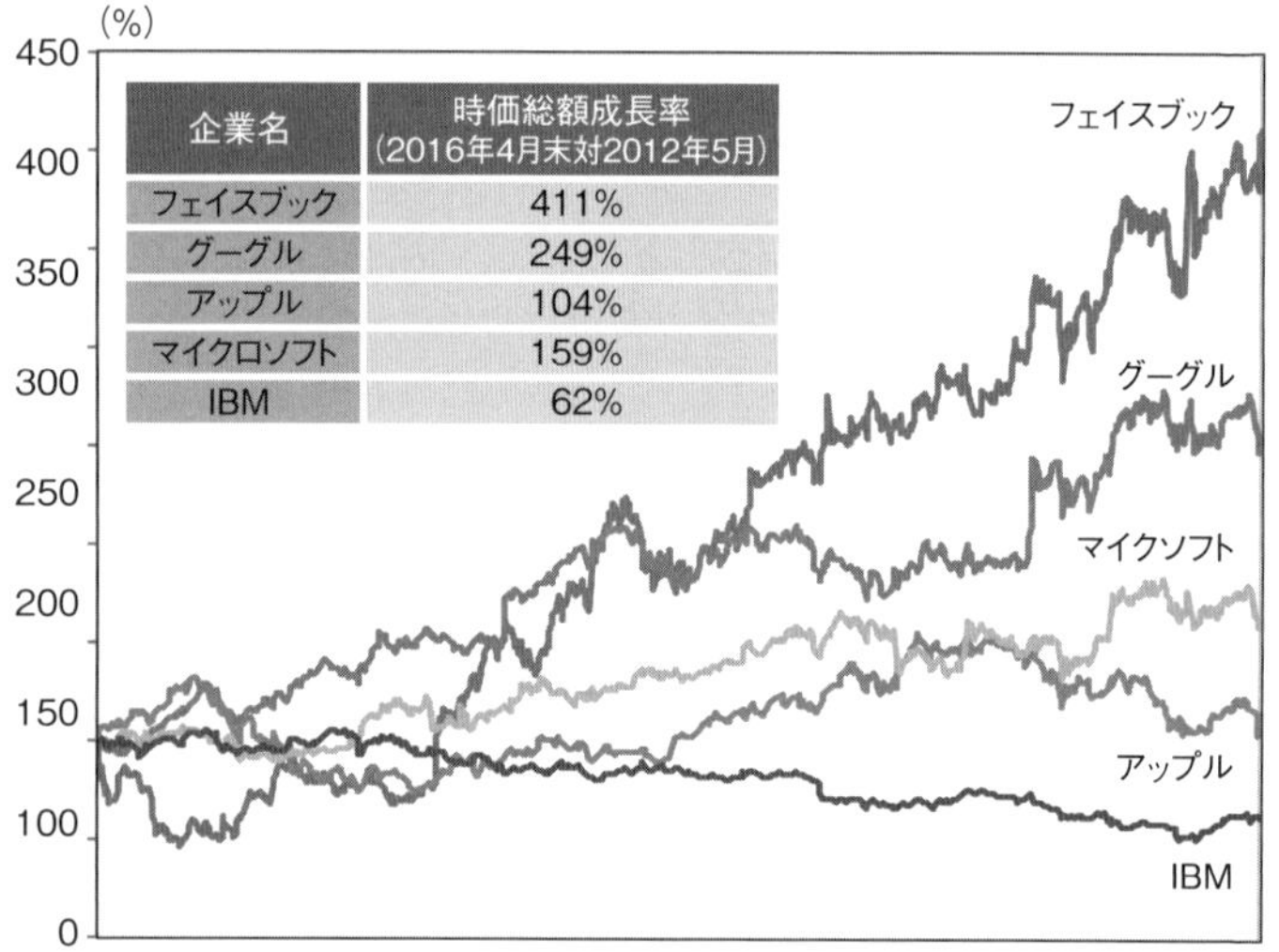

企業名	時価総額成長率（2016年4月末対2012年5月）
フェイスブック	411%
グーグル	249%
アップル	104%
マイクロソフト	159%
IBM	62%

wsやOfficeを販売するモデルから、スマートフォンやタブレットなども含めたデジタル機器でのビジネスに転換しつつある。依然としてPC向けには高いシェアを誇っているものの、PC以外ではGoogleやアップルに大幅に水をあけられている。

意外感があるのは、世界における時価総額のトップにランキングされるアップルだ。スティーブ・ジョブスの死去などのマイナス要因があるとはいえ、時価総額が伸びていない。特に今年に入ってからはi-Phoneの減産が続いており、景気の不透明感も重なり大きく時価総額を落とすことになった。アップルといえども、これからの時代を乗り切れる保証は無いのだ。

一方、フェイスブックの時価総額の伸びは著しい。ソーシャルメディア全体でも、ユーザーが世界で20億人に達し、その影響力が高まっている。だが、Facebookのユーザー数については、減少傾向にあることも指摘されている。ユーザーが増加し過ぎた結果、トラブルが生じていることや、ソーシャルメディアの他のサービスにユーザーが流れていることが原因だと言われている。今後の動向が注目される。

あくまでも過去4年間の時価総額の推移が前提だ。だが、革新的と持てはやされても、新しいサービスを提供する企業は次々と現れ、顧客は止まることなく新しいモノに乗り換える。グローバルでトップクラスの規模の企業であっても、自ら変革できなければ生き残ることが難しくなっている。

日本企業の危機感の欠如

これまで述べてきた通り、ディスラプターは既存事業者から市場を奪っていく。ディスラプターとして紹介したIT企業のビジネスに対して、それを破壊しようとする新しいディスラプターも続々出現するだろう。大きく成長したアップルやグーグルは、新興のIT企業の挑戦を受ける前に、豊富な資金を元にそうした企業の買収を進める。

こうしたディスラプターに既存の企業が対抗するためには、自らがディスラプターになって市場を開拓するのが一つの手段だ。だが、既存事業を壊しながら新しいサービスを考えていくのは簡単ではない。

次の大きなディスラプションは、IT化が進む自動車産業で起こると言われている。そうなれば、裾野の広い関連業界にまで影響が及ぶ。自動車メーカーは危機感を強め、デジタル技術を活用すべく苦闘している。もちろん他の産業についても、対岸の火事ではない。

だが、日本企業が十分に対策を練り始めたとは、とても言えない。従来までの勝ちパターンが明確であり、技術に対する過信があるように思われる。日本企業と議論していてよく感じるのは、以下のような反応だ。

・国境や業界を越えた変化を認識しているが、十分に把握できているとはいえない

・欧米では起きたかもしれないが、日本での商習慣下では困難だ
・デジタル技術の台頭といっても、今の事業の延長線上で考えるとたいしたことは起きない
・台頭する新興国企業に品質面で追い付かれるのには時間がかかる
・顧客調査を広くやっているので、顧客が何を求めているのかは分かっている

一度定めた方向性や戦略を変えるには、勇気が必要である。しかし、事業環境の変化のスピードが従来よりも格段に速い。スピード感を持って準備を進めなければ、いざとなってからでは手遅れになる。経営トップ自身は危機意識を持つことが必要だ。そして、これまで事業が成功してきたのであれば、組織の末端に危機意識を浸透させることが難しいことも、肝に銘じておかなければならない。

第3章

なぜ、デジタル時代への対応が遅れたのか

1 顧客の進化に対する読み違え

すぐに行動を起こす顧客

総務省の調査によると、２０１４年のスマートフォンの世帯への普及率は64％、個人でも45％に達し、20代に絞ると8割以上がスマートフォンを保有していた。現在ではこの割合はさらに高まっていることは容易に想像できる。こうしたスマート端末の普及で、消費者でも多くの情報が簡単に入手できるようになった。

博報堂ＤＹメディアパートナーズの調査では、全世代でメディア接触時間は増えており、特に20代では２００９年から２０１４年の5年間で2時間も増加している。その内訳として、スマートフォン・携帯電話・タブレットの割合は9％から39％急拡大している。20代に限らず、こうしたスマート端末での接触時間の増加はすべての世代に共通する。

商品購入時には、テレビＣＭよりも、ソーシャルメディアでの口コミ情報を重視する傾向がある。なかでもＬＩＮＥは日本で急速に普及が進んでいるが、20代では利用率が8割を超える。仕事のやり取りでさえ、電子メールではなくＬＩＮＥが使われる。堅苦しい文章を書かずに済み、若い世代を中心に利用されている。

消費者は、ブログやソーシャルメディアを通じて拡散するユーザー発信の情報、「価格.com」や「食べログ」のような評価サイトの比較情報を得ている。多様なソースから情報を入手できるため、企業側の現場担当者が知らないような情報に至るまで、消費者のほうがはるかに豊富に情報を持つようになったのだ。

消費者は「このサービスを使ってみたい」と思った瞬間に行動を起こす。グーグルは「マイクロモーメント」というキーワードを発表した。消費者が「何かをやりたい」と思った、その瞬間に、手元にあるスマート端末で検索したり、購入したりする新しい消費者行動を表す言葉だ。

これに反応するように、ソーシャルメディアに「購入」ボタンが導入されるようになった。ソーシャルメディアで口コミ情報を見たユーザーが、購入サイトへ飛ぶのではなく、直接製品やサービスを購入するのである。このサービスが拡大すれば、企業はわざわざ自社のEC（電子商取引）サイトを立ち上げなくても、顧客への販売機会が大幅に増えることになる。

逆に言うと、消費者が「今だ」と思ったタイミングで、製品やサービスを提供できなければ、見切られてしまうことになる。こうしたデジタルでのビジネスは、旧来の事業で成功してきた既存企業の幹部には理解しがたいかもしれない。だが、想定以上にソーシャルメディアは浸透しており、今後さらに爆発的な力を持っていると考えなければならない。

顧客の購買動機の変化

顧客の購買動機についても大きく変わった。従来は「モノを所有すること」が人間の基本的な欲求であり、購買行動における重要な価値観だと考えられてきた。少しでも生活を便利にしてくれ、壊れにくいモノを所有することが重要な価値だった。

日常生活は充実し、モノを所有することの重要性は以前よりも少なくなった。モノの代表格としての自動車については、「若者のクルマ離れ」が報じられている。経済的理由を指摘する声もあるが、価値観の多様化が大きな要因である。車を所有しなくても、有意義に時間を過ごせる方法が増えた。同じ金銭を投じるにしても、別の楽しみ方に使う。

消費者の欲求は、「どのような経験（コト）ができるのか」という点に移ってきている。デジタルサービスを使うことで得られる「わくわく感」であったり、「こんなことができるのか」という「驚き」であったりする。他人とつながることで「自己重要感」を得ることもできる。デジタル技術がこうした「モノからコトへ」のトレンドを加速していることは疑う余地がない。

経験には幾つかの種類がある。これまでなかったような新たな経験にわくわくすることもあるだろう。新しいことではなく、過去の経験を振り返って懐かしんだりもする。身近な友人や家族と経験を共有して、一体感を感じることもあるだろう。

何かを与えられるより、自分自身で楽しみを追求する傾向も強まっている。ワーク・ライフ・

バランスの改善により、余暇の時間が増えた。中高年層の健康に対する意識は高まり、一線を退いた後の新しい人生を楽しむ。自分自身で楽しみを創り出し、その後に仲間と一緒に振り返って充実感を味わう。登山でファッションを楽しむ、東京マラソンで仮装を楽しむなど、自分で経験を演出し、それを記憶だけでなく記録として残し、デジタル空間で共有する。

製品やサービスを利用する際、もちろん機能や品質は重要な要素を占める。だが、顧客は自分自身の経験に製品やサービスの機能を重ねる。利用する側に立つと分かっているつもりでも、実際に製品やサービスを作る側、販売する側になると、顧客経験を訴求する意識が希薄になるのが実情だ。

デジタル化による選択肢の多様化

顧客は快適な経験を求め、これまでのセグメントを越えて製品やサービスを探すようになる。自動車業界を例にとると、「モビリティ」という顧客経験（カスタマーエクスペリエンス：CX）に注目が集まっている。環境技術と結びつけて、エコロジーなモビリティを訴求点として打ち出している企業が多い。ダイムラーのディーター・ツェッチェ会長（当時）は、「当社は、単に自動車を造るのではなく、顧客にモビリティを提供するのだ。」として、場所を移動することによって得られる経験に焦点を当てた。

だが、一筋縄ではいかない。モビリティという経験だけだと、自動車ではない他のサービスでも満足を得られるからだ。例えばＪＲ九州の寝台特急「ななつ星」では、自動車では得られないモビリティが経験できる。列車という古き良き時代を回顧する経験を求める顧客もあれば、新しい経験を求める顧客もいる。スポーツバイクは、改めて中高年男性の間でブームになっている。経験を媒介するモノやコトは多様に存在する。

こうした顧客の間には、互いに共感を呼ぶ価値観が存在している。この顧客層がデジタル空間で一つのコミュニティを形成する。リアルでの会話することは考えられないが、ソーシャルメディアなどで情報交換が行われ、それぞれのモビリティに対するファン層が形成されていく。

さらに、バーチャルな世界もまた競合相手となる。ＶＲ（仮想現実）技術は、リアルな世界に近い欲求を満足させられるレベルにまで進化してきている。実際に車を運転することは危険を伴うが、バーチャルリアリティにより危険を回避し、渋滞に悩まされることなく、ドライブを堪能できる環境の実現が間近に迫っている。

従って、自動車メーカーがモビリティという経験に焦点を当てる戦略を立案・実行するのであれば、漠然とモビリティだけを対象とするのでは十分ではない。顧客が、レジャーやビジネスにおいて、どのような経験すれば楽しいのかを分析しなければならない。そして、自動車でないと実現できないモビリティを追求しなければならない。

さらにデジタル技術の進展により自動運転が現実のものとなり、グーグルをはじめとするＩ

Ｔ企業も参入してきた。これらのＩＴ企業は、必ずしもモビリティという経験の提供を目標とはしていない。「究極の安心・安全」など従来のクルマとは異なるコンセプトを持ち込んで価値を訴求しようとするだろう。

結局のところ、若者らのクルマ離れ（モノ離れ）への対策として自動車メーカーがモビリティ（コト）を打ち出しても、ソーシャルメディアなどデジタルの世界の広がりで、モビリティの経験価値が多様化し、さらに自動運転車などの新たな価値訴求も始まっている。強大な自動車産業でさえも、デジタルの時代にＣＸを軸に正しい戦略を立案・実行するのは容易ではないわけだ。

２　カスタマーエクスペリエンスへの訴求不足

明確でない対象顧客層

顧客層を意味のある属性に従って区分けし、その単位に顧客ニーズを検討するマーケティング手法は、従来から使われてきた。富裕層、若者、特定地域の住人などの分類で、顧客セグメンテーションと呼ばれる。「同じセグメントに属する顧客は、同じ考え方や行動をとる」という前提に立つ。

こうした顧客セグメンテーションでは本来、ターゲットとする顧客を絞り込み、その欲求を満足させることに神経を使わなければならない。狙いを定めた顧客像、いわゆる「ペルソナ」を具体的に想定する必要がある。その上で、対象ペルソナがどのような行動を取るのかについて詳細に把握しなければならない。

こうした取り組みがしっかりとできたならば、顧客セグメンテーションは顧客の行動が見えるデジタルの時代に極めて有効な手法である。

だが、漠然とした顧客を対象としてしまい、きちんとしたペルソナをイメージできていない企業があまりに多い。「金融資産を多く持つ富裕層」「これから社会人になる若年層」「時間に余裕がない主婦」といった具合だ。こうした顧客セグメントでは、そのペルソナは曖昧で「どのような背景を持つ人が、どのような場面で、その製品やサービスを必要とするのか。なぜ、自社の製品やサービスを選んでくれるのか」が見えてこない。

さらにデジタル技術の浸透で、従来行ってきたステレオタイプの分類方法には当てはまらない可能性もある。同じ年齢で、同じ地域に住み、同じような職業であっても、デジタル空間の使い方には差がある。顧客が取った行動の背景にある価値観や考え方を読み解き、欲している経験を与える必要がある。従来までのセグメンテーションに、デジタル空間での行動特性を加えて考えることが必要なのである。

こうしたことを深く検討せず、これまでのように漫然とした顧客を対象にしていると、顧客が本当に求めている経験と大きく乖離した製品・サービスを生み出してしまう。

例えば、企業における製品・サービス企画担当者が、顧客へのインタビューを行った場合、次のような結論を得ることがある。「顧客は〝自分らしさ〟を求めている。〝自分らしさ〟を出すにあたって、顧客は自分で選べることが重要と考えており、機能・サービスを一つ一つ自分でカスタマイズできることが自社の究極の差別化になる」。

報告を受けた経営層は、顧客の声だと考えて、ゴーサインを出す。ただ、これだと顧客の自己実現に必要と思われる機能・サービスをすべて開発することになる。

一時期、家電のリモコン上にあらゆる機能を搭載したが、複雑になりすぎ、使いづらいということがあった。開発リソースの無駄遣いだけでなく、顧客からは「複雑すぎて分からない」として敬遠された。日本の家電メーカーが何を間違ったのかは、その後、顧客が真に求めるものを知り尽くしたアップルにより、ｉＰｈｏｎｅが世に送り出されたことで明確になることになった。

カスタマージャーニーを把握できない

「顧客についての情報収集は進んでいる」と胸を張る企業は多いだろう。新しい製品やサービスを出すときには、必ず一般消費者の声を確認する。どのような商品にするのかを決めていない段階や、製品の詳細を決めたいタイミング、あるいは、販売間近になったときもそうだろう。特定の地域を消費財の市場調査に使うことも多い。

社会人類学において「エスノグラフィー」と呼ばれる手法の導入も進んでいる。顧客の生活の場である住居への訪問、深層心理にまで迫る「デプスインタビュー」、定点カメラ設置による長期間の行動様式の把握は、珍しいことではなくなってきた。

ただ、この調査結果で取得した顧客の行動そのものを整理しているだけでも何も示唆は生まれない。顧客は無意識に行動してことが多い。本当は何を求めていたのか、といった本質を掘り下げていくことが必要なのだ。「たまたま行動した」ことを積み上げても、示唆のある分析にはならない。

顧客の購買に至る一連の行動、つまり「カスタマージャーニー」を通じて、いかに欲求を満足させているかが重要だ。なぜそのような行動をとったのか、といったその裏にある本質的な理由を探るためには、その顧客になり切って実際に経験していくことが必要となる。

顧客が行動を取るに至った背景にある価値観にまで踏み込んで洞察し、その行動を促すに至った事由を読み解かなければならない。ここに、自分自身の過去の経験や、主観的な意見を挟んではならない。あくまでも客観的に理解することが必要だ。自分がまったく知らない世界が展開されていると考えなければならない。

有効な手段の一つは、カスタマージャーニー仮説を事前に作っておくことだ。行動仮説は一つだけでは不十分である。様々な前提条件を置き、幾つかシナリオを用意しなければならない。事前に作成した仮説と実際の行動・発言との違いを掘り下げて行くことで、欲求とそれを満足させる手段において、何がどのように違うのかが見えてくる。

だが、実際に取り組めている企業は少ない。多くの企業は従来から利用している顧客タッチポイントで、自社の製品・サービスの良さだけを、自らのコンテンツ作成のタイミングに合わせて一方的に配信しているにすぎない。その結果、消費者の情報の海の中に埋没するだけである。表面的な顧客理解に基づき、独りよがりなマーケティングコミュニケーションは、見切りが早くなっている消費者には一顧だにされない。

こうしたデジタル空間におけるカスタマージャーニーを、企業の製品・サービス企画担当者が正確に追い続けることは簡単ではない。製品・サービス企画の立案力と、最新動向へのキャッチアップを両立させるのが難しいのだ。

カスタマージャーニーを正確に追うには、顧客の行動を素直に確認する柔軟性、その背景に対する深い洞察に加えて、たくましい想像力が必要となるのである。こういった能力と、デジタル技術に通じる能力とは一般的には相反することが多い。

顧客の進化を増長させるサービス進化

顧客の欲求の進化は、提供者側の製品・サービスの進化によって促進される、例えば、モバイルオンラインゲームでも、CXの向上が進められている。例えば、数百人から数千人が同時に参加できるオンラインのロール・プレーイング・ゲーム。ゲームへの参加者数が多く、ギルドと呼ばれるコミュニティまで存在し、チャットを通じてコミュニケーションを取ることができる。

ゲーム内で使える仮想アイテムの取引も行われ、仮想アイテムを現実の通貨で取引してしまうリアル・マネー・トレーディングは社会問題化している。交流欲求だけでなく、収集・貯蓄、地位、競争という欲求まで満足させるような、経験を得ることができる場を作っている。

これまでのゲームは一人の人間が楽しむもの、あるいは、知り合いの数人が一緒に楽しむものであった。今や、24時間365日、どこにいても楽しむことができる。赤の他人であっても一緒にゲームを楽しむことができる。ゲームへの没入感は次第に高まっており、カスタマーエクスペリエンスを独り占めしようとしているのではないか、とさえ錯覚するレベルにまでなった。

ソーシャルメディアでは、Facebookでは、「いいね！」ボタンに加えて、2016年1月から「超いいね！」「うけるね」「すごいね」「悲しいね」「ひどいね」の5つのボタンを増やし、より複雑な感情を表すことができるようになった。テキストだけでなく、表情としての顔ボタンでの表現が増えることで、よりリアルに近いコミュニケーションが実現し、交流という欲求を満足させている。スマートフォンでのコミュニケーションツールが増えた結果、一つだけのボタンでは十分に対応できない、という判断であろう。

顧客の欲求は、あるレベルで留まることがなく、こうしたサービスなどの進化に触発されて進化を続ける。しかも、進化の方向性が一つだけでなく、多様化している。他のソーシャルメディアが伸びてくる中、Ｆａｃｅｂｏｏｋといえども、この進化を先取りしていかなければならない。

製品・サービス提供側は、この変化に追随するとともに、半歩先を行かなければならない。数年前とは景色は様変わりしている。依然として同じように製品・サービスを提供していても、思わぬところからの攻勢を受ける。これまでに製品・サービスの成功体験がある企業に限って、この変化を見過ごしてしまう。ついつい「自分の経験だと、そんなものは必要ない」という考え方に陥り、次なる対応が後手に回る。

顧客に対する情報発信のズレ

得た情報に対して、自分なりの考え方や意味合いで理解してしまうのも消費者の特徴だ。同じ情報を聞いても、消費者の欲求レベルや、欲求の満足のさせ方は異なる。もともとの情報の意味とは無関係な脈絡で理解してしまうことさえ起きる。

顧客の欲求を正しく理解しておかないと、発信する情報を誤ってしまう、ということだ。しかも、誤った理解は、瞬く間に拡大する。ということは、ターゲットとして定めた顧客が、どのような経路で情報を仕入れ、どのように行動するのかについての理解を深めておかなければならない。

情報量は増加の一途を辿ってきた。これからもさらに増えるだろう。顧客の購買プロセスであるカスタマージャーニーに沿ったタッチポイントで、パーソナル化したコンテンツを、鮮度の高い行動履歴に合わせたタイミングで送付しない限り、顧客の目には留まらない。企業は、タッチポイント、コンテンツ、タイミングの3つの掛け算を最大化することが求められるのだ。

この三つを適正にすることは簡単ではない。タッチポイントは、顧客が個人か法人かで異なる。同時に、すべてのタッチポイントで対応するか、タッチポイントを絞り込むかで大きく戦略が分かれる。我々は、消費者向けのタッチポイントを26、法人向けを16として定義している。（図4）

このすべてのタッチポイントに同じ情報を流し、顧客に対して同じ反応を期待しようとすると、かなりのリソースを投入する必要となる。消費者向けでは、店頭、コールセンターにはじまり、市場におけるプロモーション活動や街中サンプリング調査のようなリアルのタッチポイ

図4　主要IT企業の時価総額の推移2012年5月の時価総額を100とした指数

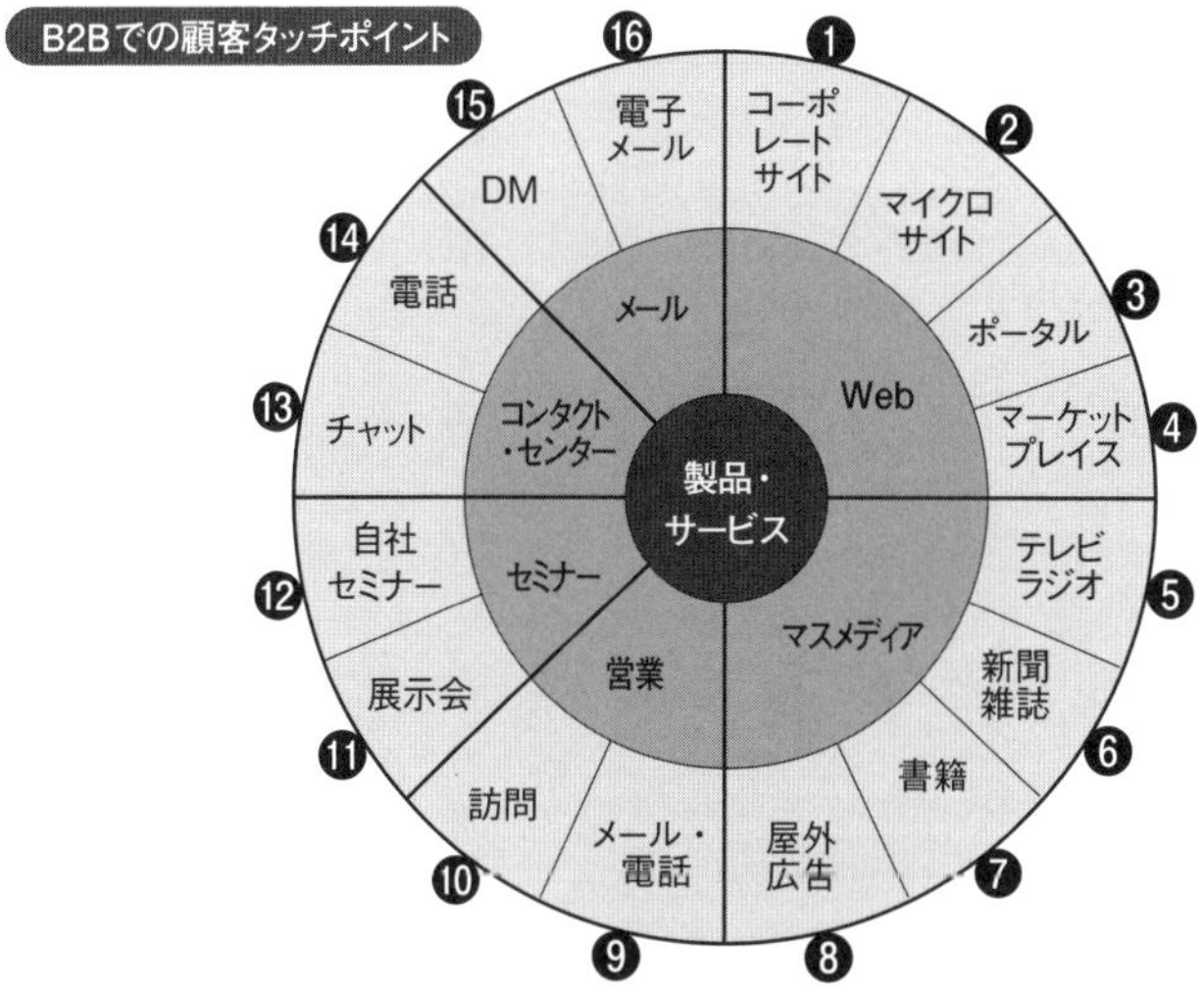

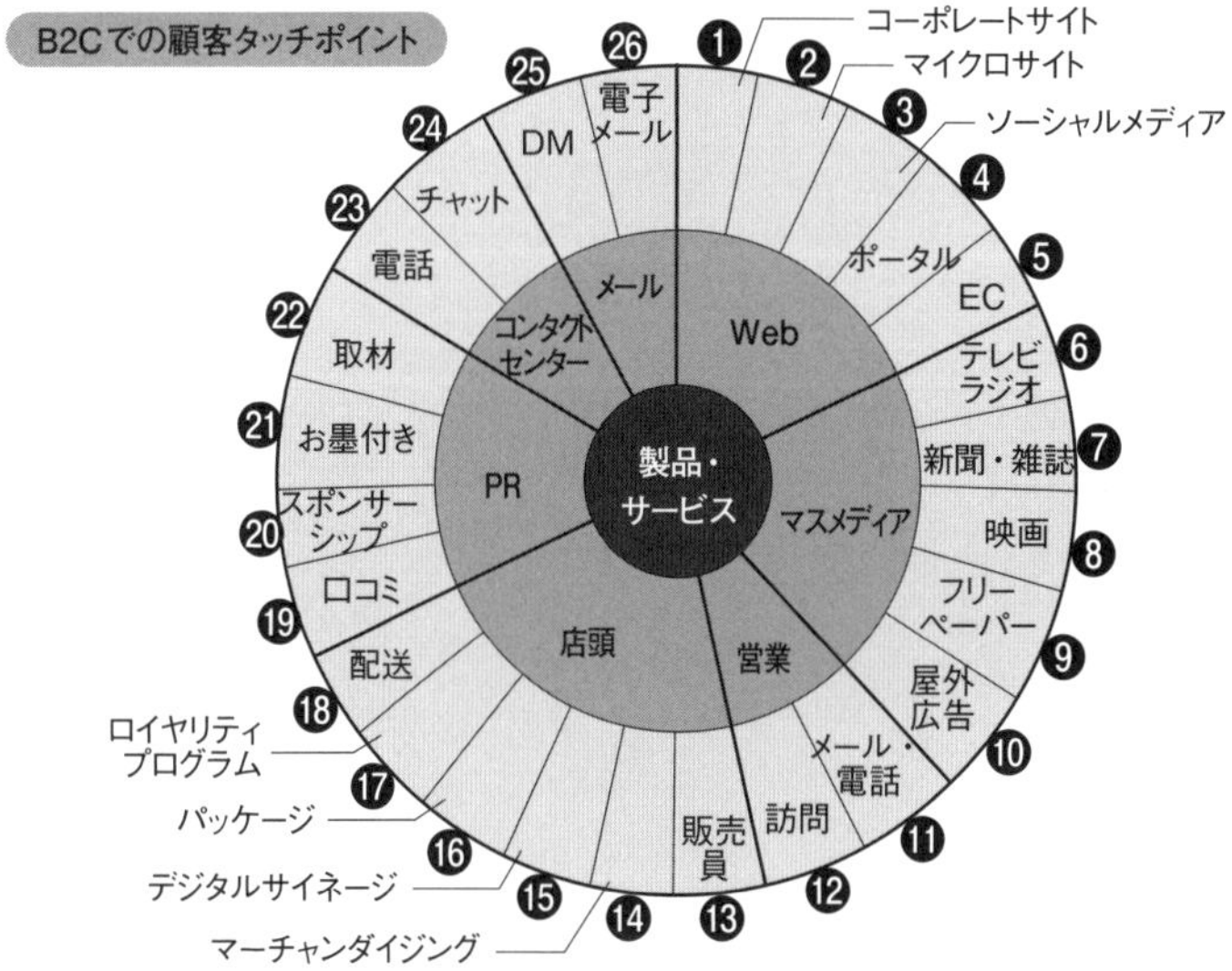

ントが存在する。デジタル空間での情報発信と違和感のない形にしておかなければならない。提供する製品・サービスが違うことで、タッチポイントで与えるべき適切なCXを提供できないことになる。また、投入するリソースが十分でなければ、顧客に対する情報に均一性を確保できない。

顧客の欲求に対するギャップ

企業は、顧客がその企業の製品・サービスに対して持っている〝価値観〟にも、正しく訴求する必要がある。企業の発する情報やメッセージに対してギャップが大きい場合、顧客には逆効果を与えることになる。その製品・サービスからは感じられないような価値観を訴求すると、顧客は混乱する。

顧客が「なぜ、この企業なのか」と疑問に思うような領域に対して、新しい製品やサービスの価値を訴求しようとする企業も多いが、これでは顧客は振り向いてくれない。顧客から見て、なぜこの企業から、この商品を買いたくなるのか、についてのストーリーは重要な要素なのだ。当該企業に対する消費者の印象は、ある程度決まっている。顧客が「リーズナブルな価格」を評価していたにもかかわらず、企業が急に高級路線に切り替えると、消費者は違和感を持つ。業界内で圧倒的な強さを誇るガリバー企業が、膨大なリソースを投入しても、飛び石的な新規事業が成功しにくいのは、消費者がストーリーを重視していることが要因の一つであると考えられる。新たに提供しようとしている製品・サービスにおける訴求価値が、従来までの製品・サービスと大きく異なる場合には、ブランドを変えてしまったほうが有効に機能する場合が多い。

日本企業の場合、品質が良ければ、性能が良ければ、と考える傾向がある。顧客が、高性能・高品質を求めていると考える。だが、必要以上の高性能・高品質は、顧客にとって意味をなさないのだ。

デジタルの世界での独自性の喪失

実際に顧客に見せるユーザーインタフェースや、マーケティングにおけるコンテンツは、「(狭義の意味での)デザイン」と、その内容である「クリエイティブ」とに分けて考える必要がある。Webサイトを例にとると、デザインとは、フリクションレスと呼ばれる操作性の向上、顧客との双方向コミュニケーション、顧客に合わせたパーソナライズを意味する。一方、クリエイティブとは、目を留まらせる、興味を持たせて回遊させる、クリックしたい気持ちを、顧客に誘発させるものである。

デザインには、決まった型がある。他社のベンチマークという形で直線的に進化し、業界内での先進企業が採用しているデザインに収斂していく傾向がある。特にデジタルの世界ではその傾向が顕著だ。ビール業界のＷｅｂサイトを見れば、各社ともデザインが似ていることに気づくだろう。

クリエイティブは、ターゲットとなる顧客の欲求プロファイルと、それら欲求を満足させる手段に合わせる必要があるため、企業のマーケティング戦略を色濃く反映することになる。電子メールで送付する先や、Ｗｅｂサイトを訪れる顧客がどのようなセグメントであるのか、によって内容は異なるはずだ。

自社の強みに応じたデザインやクリエイティブを用意できないと、「どの企業でも同じことをやっている」ということで、顧客からの興味を失うことにつながる。

③ ＩＴに対する距離感

日本企業におけるＩＴの位置付け

日本企業はこれまで、ＩＴについて大量の業務処理を効率化するためのツールと見立ててきた。事業部門の中には「ビジネスを伸ばすことが自分たちの仕事」と割り切り、自分たちの業務にどのようにＩＴを活用するのか、といった発想を放棄したところも見られる。「自分たちはＩＴが分からない」と慢心を含んだ自嘲により、ＩＴを見下してきた風潮さえ感じる。

２０００年代初頭からのネットブームにより、自社ホームページやＥＣ（電子商取引）サイトなどの強化は進められてきた。だが、これらは本業の補完的な役割を担うところにとどまる。「他社がやっているので、我が社も」との動機に基づき、差別化の要因にしようとは考えてこなかった。

２０００年代半ばからは、ソーシャルメディアなどの新しいサービスを提供するＩＴ企業が台頭した。世界的にＩＴを活用するユーザー層が増加した。それでも「一部の若者が熱中しているだけ」「ビジネスには直接関係ない」と考えられてきた。

企業は営業利益率向上という名目の下、コスト削減を積極的に推進し、ＩＴに関してもコストを切り詰めた。結果、企業の業務を効率化するための基幹系システムは「どうしても必要」という名目で費用がかけられ、新しいＩＴ投資には積極的には行ってこなかった。

だ、ここ数年のデジタル技術の発展に伴い、ＩＴがもたらす価値が大きく変わったことに、企業もようやく気づき始めた。

例えばウーバー・テクノロジーズやエアビーアンドビーは、もともと事業基盤を全く持っていなかったにもかかわらず、世界のタクシー業界やホテル業界を脅かす存在に急成長した。ビジネスアイデアさえあれば、ＩＴプラットフォームを安価に利用した新しいサービスを開始できる。そして、既存業界に対して破壊的なインパクトを与えることができるのだ。

こうしたＩＴを活用したサービスで成功してきた日本企業は、残念ながら少数であると言わざるを得ない。ＩＴの活用で成功した企業のほとんどは欧米企業である。日本のＩＴ企業はユーザー企業に気を遣い、ユーザー企業はＩＴに対して扉を閉ざしていた帰着とも言える。

不十分だったIT部門の強化

数多くの事業を抱えている企業では、それを支える情報システムは大規模になり、複雑な構造になってしまっている。新しい事業や新しい製品・サービスを支えるためには、新しくＩＴを実装していかなければならないが、大規模で複雑な既存システムとの整合性を確保するのは難易度が高い。様々な技術を使うことが必要となり、維持・管理の手間や難易度も高まった。

ＩＴの重要度が増すとともにシステムの複雑さが高まり、統制や管理が難しくなってきたのだ。それにも関わらず、ＩＴ部門の役割や位置付けは変わっていない。ＩＴ部門をアウトソースする大企業も依然として多い。「ＩＴを武器にしよう」ではなく、「なるべく効率的に仕上げよう」という発想から抜けられない。

「専門家に任せる」、「システム開発・運用を集中的に行う」という考え方自体は間違ってはいない。しかし、事業を理解してＩＴを活用できる人材の育成を怠ったことが大きな問題だった。

社内で専門家を育成していないので、最新の動向を調査したり、新しい技術の活用方法を検討したりすることについては、ＩＴ企業へ丸投げすることになる。ＩＴ企業としても、顧客企業が何をしたいのかといった目的が明確ではないため、何を持って行けばよいか分からない。一方、顧客企業は、ピンポイントな解決策を持ってこないＩＴ企業に対して、「彼らはダメだ」と烙印を押す。

しかし、「彼らはダメだ」と烙印を押されるべきは、顧客企業のほうではないか。従来型の事業で売り上げの大部分を稼げてきた時代は、ＩＴ企業へ丸投げでもよかった。だが、今はデジタル技術を使いこなし、業際を越えて参入するディスラプターが出現したのだ。このままでは烙印だけで済まず、顧客を切り崩されてしまう。

デジタル技術を使いこなす顧客を奪い合うには、デジタルに本腰を入れないと難しい。例えばＥＣサイトでは、楽天やアマゾンと差別化するのは容易ではない。他社が本業に時間を取られている間に、楽天やアマゾンはデジタル技術に対して継続的に投資してきたのだ。

こうしたディスラプターは、従来型の企業と比較にならないくらい、ＩＴを活用したイノベーションを本業だと考え、実現していこうとするモチベーションが高い。ＩＴ部門に配属されても、「いつかは元の部署に異動するだろう」と考えている従業員がいる企業とは雲泥の差がある。

ＣＩＯの機能不全

第Ｉ章で、デジタル戦略の責任者はＣＤＯ（最高デジタル責任者）だと書いた。だが、デジタル技術を導入するためには、企業全体のＩＴについての責任を持つＣＩＯ（最高情報責任者）が関与しなければならない。ＣＩＯは企業全体のＩＴ戦略を立案して実行する役割を担う。デジタル戦略を実現する場合に、どのようにＩＴ全体の整合性を取っていくのかについての計画を策定しなければならない。

しかしながら、このＣＩＯという役割が極めて不明瞭なケースが多い。欧米企業の多くがＣＩＯを設けているにもかかわらず、日本企業が設置しているケースは少ない。仮に置いていたとしても、形だけで実質的に機能していない場合もある。

「ＣＩＯが必要」という議論は長い間にわたってなされてきた。ＣＩＯは経営の観点から、事業に生かすＩＴとはどのようなものなのか、ＩＴについてのリソース（ヒト、モノ、カネ）をどのように確保して配分していくべきなのかを考える役割である。

今の時点になって「ＣＩＯの役割を担える戦略的ＩＴ人材がいない」と慌てているのが実態である。言うまでもなく、人材の育成には長い時間を要する。短期間でのシステムの開発を強いられてきたＩＴ部門から、「経営の観点を持った戦略的人材」を拾い上げるのは、所詮無理がある。

ＣＩＯを育成するためには、相応の経験・実績を積み、トレーニングを行うことが必要となる。だが、戦略的にＣＩＯを育成している企業を耳にすることはあまりない。偶然育ってきたＩＴ人材を、そのポジションに付けているだけだ。ＣＩＯ育成に対して、本気に取り組んできた企業がどれくらいあるのだろうか。

「自社にはいない」との理由により、ＩＴ企業から雇い入れる例も見られる。ＩＴ企業は、顧客会社のＩＴ部門の下請けを担ってきた。確かに技術に詳しく、複雑化するＩＴアーキテクチャの設計には手腕を発揮するだろう。必要な処理性能を予測して、今後の技術の進化を見据えつつ、将来のＩＴのあるべき姿を設計することにも長けている。

だが、その企業の事業の本質を理解して、ＩＴを活用した新しいビジネスを考え、企業の経営や関連する事業部門と討議を重ねながら実現していくとなると、かなり高いハードルとなる。

そこで、他の企業で成功してきたＣＩＯを雇い入れるケースもある。だが、この場合もなかなか難しい。日本企業においては、招き入れたトップクラスの外部人材が活躍できる場がそれほど多くないからだ。「うちは特殊だから」と話す幹部は多い。その特殊な環境の中に、外部人材を置いて、どの程度本来の力を出してもらえるのだろうか。トップの強力なサポートをはじめ、関連する事業部門から、どのくらいの支援を得ることができるのだろうか。

ＣＩＯには、自社のシステムを最適化する役割や、組織や部門を越えて会社全体を俯瞰した、ＩＴ戦略を推進する役割も求められる。従って、自社に対する知識量や人的コミュニケーションが大きな鍵となる。雇い入れたばかりの外部人材のCIOに一任するだけでは、推進力を失い孤立してしまう可能性が高い。

もちろんCIOとしてIT戦略の構築・推進を十分に果たせている企業もある。だが、それでもCDOという別の〝デジタル役員〟が必要である。CIOにCDOの役割まで負わせるのは酷。本来の役割に加えて、カスタマーエクスペリエンスへの理解というマーケティング要素、全社俯瞰したデジタル戦略の策定と実行まで求めるには無理がある。結果的に機能不全になるのがオチだ。

新しい技術への抵抗感

「システムは動いて当たり前」というのが、事業部門からみた常識である。トラブルがあるとIT部門は糾弾される。上手く稼働しても、表立って褒めてはもらえない。

ITの進歩は著しい。新しいITを構築しようとすると、これまで使ったことのない新しいITを使わざるを得ないことが起きる。しかし、新しいITを使おうとすると、一般的には様々な障害が生じる。

トラブルを回避したい気持ちから、IT部門は新しい技術や製品に対して消極的にならざるを得ない。「世の中である程度使われて、品質に問題が無さそうなことが分かったら採用しよう」、「海外での実績だけだとまだ疑わしい。日本での実績が無いと安心できない」といった二の足を踏む場面が多くなる。「新しい技術にチャレンジしよう」という気持ちにはならないのである。

新しい技術の採用だけではなく、既存のシステムへの変更が必要な場合においても、ＩＴ部門としてはリスクを極力取りたくはない。プロジェクトが失敗すると、自らの責任になり批判される。事業機会の大きさに関係なく、リスクを避けるような思考回路になる。

今後の成長戦略を実現していくためには、デジタルマーケティングやＩｏＴ（モノのインターネット）のような新しい技術を採用することは避けて通れない。既存のシステムと連動させることも必須だ。場合によっては、既存のシステムを再構築したり、クラウドを活用したりすることも必要だ。新興のベンチャー企業と提携することがあるかもしれない。デジタル戦略と向き合って、将来のあるべきＩＴの姿を本格的に描いていかなければならない。

日本企業においては、「成功」と「失敗」に対して、「良し」「悪し」の二者択一で考える傾向がある。本来、失敗しても、そこから学べることは多々あり、次に生かせばよい。だが、失敗は「悪」だと定義され、否定的にとらえられてしまう。

システムについても、停止させないことに高い優先度が置かれる。予算も要員も既存システムの維持が先になり、イノベーションに向けた攻めの施策は後回しになる。

米国企業では、「失敗」は「成功」への通過点であり、「チャレンジすれば失敗は仕方がない」

と考えている。一度や二度の失敗に挫けるのではなく、そこから学んだ経験を生かして、大きな成功につなげるということができるとの考え方だ。日米のこの差はあまりに大きい

「サービスは事業部門が考えるべき」という常識

新しい製品やサービスは、事業部門で考えるべきだと思われがちだ。ビジネスに精通しており、知識や経験が豊富なほうがよいと考えるのである。だが、昨今の新しいサービスを見ると、ITの活用方法に長けた人材が生み出している。対象となる業界で長らく働いていたわけではない。

自らがアーキテクチャやユーザーインタフェースを設計し、場合によってはプログラミングまで行う。ITの進化がこれまでの常識を崩し、既存のビジネスを大きく変えていくという「テクノロジードリブン」の動きが盛んになってきている。

FinTech（フィンテック）やIoTなどに代表される最新技術を上手く活用している企業においては、関連する業界で長く働いていたわけでもなく、知識や経験が豊富なわけでもない。

これからのイノベーションには、ITの最新技術に対する理解が必要不可欠と言える。技術の詳しい内容を知っているという意味ではなく、「この技術で何ができるのか」を正しく認識し

ておくことが必要なのだ。

しかも、技術を理解するだけでは十分ではない。技術の進歩に合わせて、変わってゆく消費者のニーズを的確に捉えなければならない。顧客になり切り、こんなサービスが欲しい、こんな機能が追加されたらもっと便利になる、という発想が重要になる。

顧客が欲しいものをタイミングよく、正確に考え付くのは簡単ではない。「自分が顧客だったら、こう思う」という思い込みは、違っている可能性がある。ついつい自分のこれまでの経験に基づいて判断してしまい、本当の顧客の立場にはなれていないのだ。経験が長いほど、思い込みが強く、新しい発想が生まれないジレンマに陥るわけだ。

デジタルを使いこなす顧客の感覚は、デジタルを使わない顧客と大きく異なっている可能性が高い。アプリの使い方や、情報に対する感度についても、利用する顧客の特性、経験、知識などによって異なる。

そんなわけなので、イノベーションを実現するには従来組織では無理だ。社外から新たな知見を吸収できるプロセスを作り、イノベーションを推進する新たな仕組みがないと、難しいだろう。これまでの常識の延長線上だけでは、新しいサービスを生み出すことはできないということを、肝に銘じておくべきだ。

日本発のディスラプターの不在

ここで少し、デジタルディスラプターの起業環境についても触れておく。ウーバーのようなディスラプターは既存の企業からすると脅威だが、日本でもそうしたディスラプターが起業し育つならば、産業の新陳代謝につながるため、日本全体から見ると必ずしも悪い話ではない。だが、そうしたディスラプターは日本で生まれず、米国で育まれているのが実情だ。

今、ＦｉｎＴｅｃｈ企業が金融の世界で勢いを強め、既存の銀行などを脅かすような規模となっている。米国のペイパルはかつて、ＩＰＯ（新規株式公開）間もない２００２年にイーベイから15億ドルで買収された。そして、その後もサービスを拡大し、２０１５年にイーベイから分離して独立企業になると、時価総額が５００億ドルを超す超大企業となった。この額は日本のメガバンクと肩を並べる規模であり、ベンチャー企業がたった十数年でここまで成長した驚くべき事例だ。

最近よく話題になる「ユニコーン企業」は、10億ドル以上の評価額を得ている未上場企業のことだ。伝説の生き物をなぞらえて、その存在を見た人はいないほどに希少という意味で表現されている。このユニコーン企業に該当するのは、２０１３年11月時点では世界でたった39社しかいなかったが、２０１５年11月時点では１４１社にまで増えているだが、日本ではユニコーン企業のような大きな成功事例は少ない。ＩＴを活用して成功した最近のベンチャー企業は、大手企業を脅かすディスラプターとは言えない。ソフトバンクグループ、楽天、サイバーエージェントなど著名企業は現れたのは何年前のことか。それでもまだ数えるほどしかないのが現実だ。日本でベンチャー企業には、周りの外部環境と企業内部の双方に問題があるのだ。

外部環境の課題としては、スタートアップ段階での資金の出し手と、事業の指南役の不在がある。ベンチャーキャピタルは、投資家としての側面と、起業家を導くアドバイザーとしての側面を持つ。ベンチャーキャピタルによる投資が理想形だが、事業である以上、まったく実績もないスタートアップ段階での投資に多くのお金を振り分けるわけにはいかない。

それを埋めるのがエンジェルと呼ばれる個人投資家だが、日本では圧倒的に数が少ない。２０１４年の経済財政諮問会議の資料によると、日本ではエンジェルの数が８３４人に留まる一方、米国では、３００倍以上の26万８０００人も存在する。

日本の起業家は、自己資金での起業を余儀なくされる。事業を軌道に乗せて、さらに成長を加速させて行くための貴重なアドバイスを受けることも、営業機会の紹介を受けることも、自分の人脈の範囲内で行わなければならない。

ベンチャー企業の内部の課題としては、起業時のゴール設定の問題がある。起業家は事業を数億円程度の企業価値にまで成長させ、その時点で売却することをゴールにしてしまいがちだ。

100億円を超えるようなビジネスにまで成長させようとする起業家はまれだ。

メディアを通じて聞くソフトバンクグループの孫社長や楽天の三木谷社長の話は、遠くの世界のことだ。自分の周囲に「俺はこうやって会社を大きくした」と語ってくれる先輩は限られている。これでは、100億円を超えるビジネスを創るという目標にリアリティを持てない。

まずは、頑張れば手の届きそうなゴールを設定して、そこにまい進する。一旦、ゴール近くまで到達すれば、先のリスクを考えると、今まで頑張って来た分くらいの報酬は確定したくなる。これは、起業家本人だけの問題でなく、起業を支えて来た仲間たちからの強い要望としても出てくる。さらに、起業自体を自己資金で行うことも、この動きを後押しする。早く資金回収をしないと、すべてを失うことになるからだ。

この状況に満足できない起業家は、海外に流出してしまう。最初から米国で起業を目指す起業家も出て来ている。例えば、シリコンバレーのベンチャーキャピタル兼起業家育成塾であるYコンビネーターを通じて起業したAnyperkの福山氏のような事例が、これからも多数出てくるだろう。

ITに関する研究開発機能の不在

一般的に自社の本業に対しては、研究開発（R&D）部門が設置されている。製薬企業であれば、創薬のためのＲ＆Ｄ組織があり、大規模な投資を行う。製造業であれば研究所で新しい技術、いわゆるシーズを研究している。日本企業は高度な研究・開発を行っており、世界的な評価も高い。

しかし、ＩＴについて研究開発を行う企業は少ない。本業に関係しないということから、必要なリソースを投与していないように見受けられる。新しいＩＴを取り入れるためには、ＩＴについてのＲ＆Ｄが必要不可欠として取り組むべきである。

こうした研究開発はＩＴ部門が行うべきもの、と考えている企業も多い。だが、ＩＴ部門の現実は前述したとおり、既存のシステム対応に追われ、それどころではない。ＩＴ部門自身、自分たちが取り扱うのは業務システムであり、事業に直接生かすようなＩＴは守備範囲外、と考えてしまうことも散見される。

ようやく最近になって、シリコンバレーにリサーチのための組織を置く企業も増えてきた。トップの肝入りで「デジタル推進」といった名称で組織を作り、新しい技術を取り込もうとする取り組みが見られるようになってきたのだ。

だが、成果を上げるための障壁は高い。Ｒ＆Ｄとは言え、新しい事業やサービスばかりではなく、既存の事業部門が行っているビジネスに役立つことを考えなければならない。このためには、既存の事業部門とのコミュニケーションを取っておくことが必要である。

だが、事業部門は短期間での収益を追う。中長期で将来を考えるＲ＆Ｄの機能とは、時間軸が合わない。事業部門からすると、「今年度はどれだけ儲かるのか」となる。さらに「新しいデジタルの機能は本当に必要なのか」と懐疑的にもなる。R&D組織単体では上手くいくはずもなく、いかに事業部門からの協力を得られるかが鍵となる。

新しいスタートアップ企業を探すにしても、シリコンバレーの数ある企業の中から、自社にとって価値が見込める企業を見つけ出すのも簡単ではない。仮に見つけ出せたとしても、スタートアップ企業とひざ詰めで話し合い、自社のビジネスに生かすように交渉することも簡単ではない。考え方や価値観を合わせるのに一苦労だ。

こうなると、せっかく新しいことを始めようとしても、行動範囲は限定的になる。「思い切った投資をしてでも研究開発を進めよう」「新しい施策にチャレンジしよう」とする勢いや文化を組織内に作っていくのは容易なことではない。

産学連携と称して、大学との共同研究を進める企業もある。こうした動きはこれまでもあったが、日本の場合、研究者個人と個別企業との1対1かつ少額の研究が中心であり、社会を大きく変えるようなイノベーションを創造するには難しい状況にある。

研究活動によって多くの技術シーズが生み出され、論文として発表されてきたものの、そのほとんどが製品として実用化するまでには至らずにデスバレーの段階で行き詰まっており、社会で活用されるまでには多くの障壁が伴うことを認識させられる。

産学連携が世界的に活気づいた背景として、米国におけるバイ・ドール法[*4]などの制度改革や、シリコンバレーで大学発ベンチャーが活躍していることが挙げられる。だが、日本においては、大学側のインセンティブがまだ明確とは言えない。

＊4　連邦政府からの資金を使って研究開発された発明であっても、そこから生まれた特許を大学が取得することや、企業にライセンス提供する事を認めた法律

4　既成概念への固執

大きな変化の兆しを見過ごす

新しい事業やサービスを始めるためには、これまでのモノの見方を変える必要がある。既存事業の売り上げが変わっていなければ、デジタル化が必要だと思っていても、すぐには手を付けようとは考えない。だが、「まだ大丈夫だろう」と考えるのと、「やらないと生き残れない」と考えるのでは、スピード感や進め方が大きくことなる。

米国の大手銀行は、ＦｉｎＴｅｃｈ（フィンテック）をそれほど大きな動きだとは考えていなかった。この反省を踏まえて、積極的にスタートアップ企業への戦略投資を行うようになった。

優秀なＩＴ技術者の確保を進めている。

環境変化を捉えるための情報収集は、これまでも行われてきた。顧客の声（ＶＯＣ：Voice of Customer）を収集するために、ソーシャルメディアの動向を観察するなど、自社や市場の状況を把握して市場にも気を配る。最近はビッグデータ解析と称して、ネットにおける顧客の声を分析する取り組みも始められている。

問題は、分析結果をどのように捉えるのか、ということだ。変化の兆しが出ているにもかかわらず、「よくあること」と考えてしまうと、大きなトレンドを見過ごす。「誤差の範囲」「一部の人間の声で大勢に影響はない」と考えてしまう。「競合他社の新商品や新事業の売り上げが伸び、評判になっている」という現象が表面化し、ようやく慌てることになる。

表層的な変化については気づいていても、その背景にある大きな動きを読み取ることは難しい。日常業務に集中して従事している担当者は、変化を感じていても、それを重要なサインだとは認識しない。企画部門に従事していれば、一般消費者の動向は遠いものとなる。

若手社員の方が世の中の動向に詳しかったりする。ある外資系の企業では、若手の一般社員が役員クラスに対して、デジタル空間の動向を講義することを行っている。日々の業務に忙しいトップにとって、若手の間で何が流行しており、どのような感性を持っているのかは極めて新鮮で貴重な情報である。

限られた時間の中で次から次へと意思決定を迫られる経営層は、現状を十分に認識できていないことが多い。これまで成功してきたからこそ、今のポジションにある。その成功体験を基に意思決定をしてしまうのである。

品質に対する深い信仰

高度経済成長期を支えた二次産業、とりわけ製造業では、製品自体の品質や付加機能が商品価値そのものであった。今でも世界では「メイドインジャパン＝高品質」ということが強く認識されている。

この考え方に従って、日本企業は競争優位性を高めてきたし、今後も重要な競争要因である。ヘルスケアやメディカルの領域では、サービスの品質が生命に直結する。品質の優れていることが商品価値であり、「品質＝価値」の構図が成立する。

シャープ買収の折に買収した鴻海（ホンハイ）精密工業のトップがコメントしたように、日本企業、特にハイテク企業の品質は、一級品であることは間違いない。品質向上に多くのリソースを割いてきた。だが、品質向上施策が、常に顧客の満足度向上に貢献しているとは限らない。

商品は多様化し、価値を感じない機能に対する消費者のコスト意識は高い。「高品質だが売れない」という現象は、高品質に対して高い対価を払う必要性を、消費者が感じていないということを示している。従来の使い方で顧客が満足しているなら、高品質性で勝負するのは難しい。

しかもデジタル技術により、顧客が満足する最低限の品質は比較的容易に実現できるようになった。カメラがその典型だと言える。フィルムカメラ（アナログ）からデジタルへ移行し、携帯電話／スマートフォンへの搭載によりモビリティが向上し、現在では顔認証などの画像解析機能の発達より多用途化が進んでいる。

現在でも、スマートフォンに搭載されるカメラ（部品）では日本製のシェアは高く、品質が一級品であることは間違いない。だが、部材供給に回った結果、利益率の下がる取引を余儀なくされるケースが多い。出荷台数が増えても利益が確保できなくなってきた。

しかも、日本製のカメラ部品の採用が進んだ結果、高額なカメラを買わなくても、消費者が満足する一定の品質の写真をスマートフォンで撮影できるようになった。暗所での撮影や動く被写体でない限り、専門家ですら見分けがつかないレベルまで、スマートフォンのカメラの品質は上がった。

その分、完成品としてのカメラの販売は下がり続けており、ほとんどの国内メーカーは収益状況が悪化している。解像度、小型化、ブレ防止などの品質は向上したが、消費者が価値と認識する範囲を超えたものになっている可能性がある。

従来写真を撮影して楽しむのは、愛好家やファミリーが中心だった。「限りなく美しい写真を撮ること」が目的だった。だが、デジタル技術の発達により、誰もが楽しめるようになった。使い方が「写真を携帯して楽しむこと」「友だちと共有すること」「情報として発信すること」に大きく変わってきたのだ。

日本のカメラメーカーの苦境は、カメラを使う顧客層や使い方が変化しただけでなく、品質に重点を置き、カスタマーエクスペリエンスを訴求しきれなかったことが要因の一つと考えられる。

本質的機能以外への投資

家電業界では「品質＝価値」と並行して、どこまで「付加機能」を追求するのかが競争上のポイントと考えてきた。例えば国内市場向けの冷蔵庫には、様々な付加機能が用意されている。収納量や消費電力という品質の向上だけでなく、除菌や殺菌、防臭、野菜室やチルドなどの温度の細分管理、密閉保存や加湿による湿度管理にまで至る。

日本国内における消費者ニーズを捉え、実現してきた機能である。だが、新興国市場では頑丈さ、収納量、価格が重視されることが多い。多機能であるが、高価格な冷蔵庫は、一部の富裕層を除いて受け入れられないことが多い。品質についても、海外では壊れないことが最重要であり、それ以外は価格に見合わないという判断をされることが多い。

今や家電産業では、デジタル技術を活用して、耐久性の高い製品を安いコストで製造できるようになった。しかも多くの国で、その機能と価格で消費者は十分に満足している。日本企業が製品の機能と品質を強化しようとすれば、価格に転嫁するしかなく、多くの消費者に見向きもされなくなる。

組織間での連携不足

製品やサービスが異なると、企業の担当部門も異なるケースが多い。商品企画や販売・マーケティングについての戦略は、それぞれの事業部門が構築することになる。デジタル戦略についても、自動的に担当の事業部門が考えることになる。

もちろん商品が違えば、顧客への提供価値は異なる。だからと言って、ソーシャルメディアとの連携などデジタルにより提供される機能やサービスがそれぞれ異なれば、顧客は違和感を持つ。「あの製品では対応しているのに、なぜこの製品では対応していないのだ」と確認したくなる。

この問いには、現場で顧客対応にあたっているサービス担当者も答えることが難しい。

製品やサービスが違っても、デジタル戦略として対応するものと、しないものとは、中央集権的に管理すべきなのだ。組織間で調整ができればよいが、一般的にはそれぞれの事業部門でやりたいことは異なり、簡単には進まない。

誰が実現するのかについても、組織間での問題が起きる。スマートフォンを使うのであれば、消費者が普段目にするアプリやサービスと比較して遜色のないものに仕上げなければならない。狭い定義におけるユーザーインタフェースを洗練したものに仕上げる。最新のＩＴを導入することも必要だろう。

こういった機能設計は、ＩＴ部門に期待される役割である。しかし、一般的にＩＴ部門にはそれに対応するだけの時間やリソースの余裕がないケースが多い。能力的な問題を指摘する声もある。事業部門が個別に導入することになると、結果として会社全体では統一感のないものが仕上がる。

「第二のＩＴ部門が必要」という意見も聞かれる。それにしても、組織横断の組織が必要ということに変わりはない。

規制に対する戦い

もう少しマクロな面に目を移すと、行政によって設けられた種々の規制も、企業の中に常識を作ってしまう原因となる。規制により守られている期間が長くなると、規制緩和や自由化が生じても、市場が大きく変わるとは考えなくなるのだ。

ガソリン自由化により、ガソリンスタンド業界の再構築が進んだ。１９９６年に特定石油製品輸入暫定措置法（特石法）が廃止された。多くの事業者は、緩和前と同様の近隣店舗との価格競争に終始し続けた。利益減少が続いた結果、ピーク時には全国で約3万3000店あったガソリンスタンドが、2016年現在ではほぼ半分となる1万6000店余りとなった。

現在でも価格競争は残り、依然として厳しい経営環境は続く。油外（洗車やメンテナンス、車検など）などの付加価値で利益確保を求めるか、給油のセルフ化での人件費削減による利益確保を求めるかの二極化が進んでいる。

大きく環境が変わる中で、従来と同じ戦略で戦い続けても勝ち目はない。いずれかの戦略も取らなかった事業者は、市場からの撤退を余儀なくされるのだ。

規制緩和という外部環境変化を待つまでもなく、ディスラプターと呼ばれる企業は、自分たち自身で規制を変える流れを生み出すように動く。ディスラプターは、従来の業界常識では「あり得ない」ことをやってみせている。

タクシー業界では日本交通が初乗り価格を引き下げた。それだけではなく、タクシーを呼ぶアプリの導入や、忘れ物があった場合の通知を迅速に行うなど、デジタル化を使ったサービス向上に取り組んでいる。ただ、外部環境の変化への危機感を強く持ち、自らが改革を進めるケースは、まだまだ少ないのが実情だ。

規制に守られた業界で事業を運営している企業、特にそこで成功を収めてきた企業やその経営者は、規制が存在することを常識と捉えている。新たな取り組みの担い手なるのは難しい。その多くは結局、既存の事業を守ることに汲々とする存在にしかなれないだろう。

第4章

デジタルトランスフォーメーションの本質

1 ビジネスモデルの再定義

デジタル時代の本格的な到来に合わせて、デジタル技術を活用した自己変革を進めなければ、企業は生き残れない。デジタル技術の普及により顧客は進化し、顧客との力関係が変化した。従来の考え方から脱しなければならないにもかかわらず、抜け出せていない企業は多い。

自己変革を進めるうえで、必要となる本質的な課題について掘り下げたい。まずはビジネスモデルの再定義について説明する。

自社の提供価値の明確化

クラウドなどの普及でIT活用のハードルが下がった結果、大規模な設備投資をしたり、特別な技術を持ったりしなくても、ITを活用したモノづくりや、サービス開発を行えるようになった。研究・開発、調達、製造、マーケティング・販売に至る、どのバリューチェーンにおいてもデジタル技術を活用できる余地が広がった。

調達では中国のアリババ、仏ユーロページのようなグローバルB2B（企業対企業）マーケットプレイスを通じて、日本にいながら幅広いサプライヤーと直接にコンタクトできるようになった。デジタルプラットフォームによって、個人の人脈や仲介業者に依存しない調達ネットワークが出来上がったのだ。ネット家電で有名な日本のＣｅｒｅｖｏ（セレボ）は、２０１１年から調達・製造を一括で受託するＥＭＳ（電子機器の製造受託サービス）ではなく、アリババを使い汎用的なパーツ品の調達先を自ら開拓し始めている。

製造では、３ＤＣＡＤと３Ｄプリンターの組み合わせにより、部品成型のための金型・鋳型の事前準備が必須でなくなり、短いリードタイムで、安価に部品を造れるようになった。３Ｄプリンターで使用できる原料は、樹脂だけでなく、銅、ニッケル、チタンという金属にまで拡大している。２０１４年2月に基本特許が切れしたレーザー焼結法で、金属粉末を安価に加工できるようになり、鍛造品も作れるようになった。細かい部品を一体で成型することで、複雑な組み立て工程を不要とすることもできる。

国内でも、ゼネラル・エレクトリック（ＧＥ）がエネルギープラント用の特殊なコントロールバルブの部品を3Ｄプリンターで製造している。従来の製造方法では困難であった、中空構造、曲面形状、メッシュなどの複雑な造形でも一体成型で可能となり、バルブ部品設計の自由度が大幅に向上した。一体成型が可能となったことで部品を組み上げる複数の加工プロセスが不要となり、従来は約3カ月必要とされていた部品製造を約2週間でできるなど、製造日数の短縮化や低コスト化が実現している。

従来は企業の聖域であった研究・開発でさえ、市場の速度に追いつけなくなってきた。これがオープンイノベーションと呼ばれる現象を生み出した原因だ。オープンイノベーションでは、スピードを上げるために研究・開発部分を他社に依存する。あるいは、スタートアップのベンチャー企業を買収することを厭わない。

家電の世界で、こうしたことを象徴する取り組みがある。その取り組みを仕掛けたのはUPQ。カシオ計算機で携帯電話の商品企画をしていた中澤優子氏が立ち上げた〝1人家電メーカー〟だ。商品コンセプトは『生活にアクセントと遊び心を』。創業から3カ月、開発から2カ月の短期間で、4Kテレビやスマートフォンなど17種類24製品を発表した。

中澤氏はたった一人でUPQを立ち上げたのだ。商品企画に特化し、開発・製造は同じくベンチャーでアリババを活用するCerevoの支援を受けて中国、韓国、台湾、香港などの工場に委託。販売はオンラインショップ「DMM.make Store」で行っている。このバリューチェーンの中に一切、日本の家電メーカーの名前は入ってこない。アイデアさえあれば、家電メーカーを一人で始めることができる。ファンになってくれる顧客層が存在すれば、デジタル空間を利用してマーケティングも無料で行うことができるのである。

UPQから学ぶべき重要なポイントは、製品・サービスを提供する顧客を定義したら、最大の付加価値を提供できるようにバリューチェーン構成を見直すことである。自社の提供価値がどこにあるかを明確化して、どのようなバリューチェーンを構築するのかを定めなければならない。

無料プラットフォームの活用

マーケティングや販売では、クラウド型でのサービス提供が活発になっている。オラクル、アドビシステムズ、セールスフォース・ドットコムといった大手IT企業が、活発な買収を通じてマーケティング関連サービスを統合し、「マーケティングハブ」と呼ばれるワンストップのサービスを提供している。

オラクルは、マーケティング施策の自動化を図れるマーケティング・オートメーション・ツールのクラウドサービスを展開していたエロクアとレスポンシス、オーディエンスの属性・行動データを蓄積したDMP（データ・マネジメント・プラットフォーム）サービスを展開していたブルーカイを買収した。顧客のセグメンテーション、ターゲットセグメントへのコミュニケーションシナリオ構築、施策実行、見直しというPDCAサイクルを完結できるようにした。

オラクルのマーケティングクラウドでは、セグメンテーションやシナリオの構築をドラッグ・アンド・ドロップの簡単な操作でできる。IT部門のサポートを得なくても、マーケター一人だけで十分に運用が可能である。月数十万円から利用できるため、小規模事業者でもデジタルマーケティングの垂直立ち上げが可能となる。

デジタル空間でのマーケティングの普及により、これまでマスメディアを牛耳っていた広告代理店は危機感を強めている。消費者がテレビや新聞で情報を取得する機会は減っている。ソーシャルメディアを活用することで、無料で、より広範囲に、関心のある人に対してピンポイントでマーケティングができる。

販売では、これまでもインターネットによりダイレクト販売が行われてきた。その一方で、実物を見ないと安心できないという人たちにはリアルの店舗が必要だった。だが、VR（仮想現実）の登場で、ほぼ実物に近いものをネット経由で見ることができる。場合によっては、3Dプリンターでの〝印刷〟も可能なのである。

教育産業においても、これまで消費者は手元に郵送された問題集に解答して送り返すことが一般的であった。基本的には、大部分の人が同じ問題に対して回答をしてきた。しかし、デジタル化が進み、スマート端末上で回答できるようになった。ある問題が解ければ、さらに難しい問題が出される。解けなければ簡単な問題に戻る、という仕組みだ。学習する人のレベルに合わせた問題の設定が可能であり、学習効率が高まる。

これからはどんなビジネスでも、アイデアさえあれば事業を始めることができるのである。デジタル技術により、オープンなビジネスプラットフォームを利用できるからだ。プラットフォームの代表格はグーグルやアップルだが、プラットフォームの提供企業は今後、この2社に留まらないだろう。

優れたアイデアがあれば、デジタル技術を活用して製品やサービスを作ることができるだけでなく、マーケティングから販売までを簡単に行える環境が急速に整ってきているのだ。

参入障壁の低下

デジタル技術を用いることで、大企業が支配するピラミッド構造の産業への参入が容易になった。業際と言われる業界間の壁が低くなり、従来の業界ルールからは想像もできないような異業種プレイヤーが参入してくる。

これまでの業界内の成功者が勝ち続けられる保証はない。従来は、サプライヤーや販売代理店のネットワークが構築された業界に、異業種やベンチャー企業が新規に参入することは非常に難しかった。新規参入者は、競合と戦えるレベルのネットワークを構築する必要があり、長期的な取り組みと巨額の先行投資を求められた。

市場での評価を勝ち取るためには長い時間を要した。このため新規参入者は、既存プレイヤーとの正面からの対決は避けて、魅力度の低い、または気づかれていないニッチな領域を攻めるしかなかった。

自動車業界においては、部品を提供するサプライヤーを階層化してプラミッド構造化し、その中に系列部品メーカーを位置づけている。ティア1（第1階層）が自動車メーカーで、ティア2が主要部品を提供するサプライヤー、さらに細かい部品を提供するティア3と続く。

ティア1の自動車メーカーは、ゲストエンジニアとしてサプライヤーの技術者を開発の初期段階から巻き込むことで、すり合わせの技術を磨き、高い技術参入障壁を築いてきた。日本では国土交通省から型式認定を得た自動車メーカーの新規参入は、1964年のホンダ以降では2社しかいない。1996年の光岡自動車と、2015年の日本エレクトライクである。それくらい参入は難しかった。

光岡自動車は、ベースとなる車両の基幹部分を国内自動車メーカーから調達している。車体フレームから自社で造り上げる製造車と、車体フレーム、エンジン、足回りなど主要部はベース車を利用しボディの架装を施す改造車の2種類を生産している。「ビュート」という小型車は、1993年の発売から1万台を販売するまでに17年をかけている。

元ラリードライバーの松波登氏が自動車メーカーのOBを集めて立ち上げた日本エレクトライクは、インドのバジャージ・オートのガソリン三輪自動車の車体を輸入して改造し、電動三輪自動車に組み替える手法で年間100台の製造を予定する。

この2社は、大手の自動車会社にとって魅力を感じない市場を対象にしている。しかも、既存の自動車メーカーの車両をベースに製造しており、生産台数も多くはない。

だが、高い参入障壁があるにもかかわらず、自動運転車の研究を進めるグーグルが参入した。自動車業界からすると、グーグルはまったくの新興企業である。自動運転プロジェクトである「グーグル・ドライバーレスカー」を発表したのが2010年である。そして、2017年の実用化を目指し、試作車による公道テスト走行を実施している。

自動運転の認知、判断、操作のうち、特に認知・判断の部分にデジタルを応用した。認知はセンサー、判断はＡＩ（人工知能）のアルゴリズムを応用する。

試作車の外観は、漫画に出てきそうなミニパトカーの形をしている。しかし、中身は従来の自動車の発想を受け継ぐのではなく、モビリティという経験を快適にするために必要なものになっているのである。動力を電気とし、センサーの視野を確保するために車体形状は丸型、ハンドルもペダルもなくスタート／ストップのボタンで操作し、インパネはタッチパネルとなっている。

「グーグルだからできたことだ」とも言うかもしれない。しかし、ウーバー・テクノロジーズやアップルなど他のＩＴ企業も自動運転車の開発に躍起になっている。トラックについてはオットーが公道でのテスト走を開始した。オットーは元グーグルの技術者が設立し、トラックの未来づくりに挑戦するスタートアップ企業だ。

彼らの主張は、「トラックが大気汚染の問題の大きな要因だ。交通量の観点からは全体の１％程度しかないトラックが、道路公害の原因の28％を占める」ということだ。日本においても、トラックでの事故がいくつもの悲惨な事故を招いていることは記憶に新しい。単なる代替物を開発したのではない。商用トラックの既成概念に対してチャレンジしているのである。

これらの新興企業は、長い間参入が困難だった自動車業界に対して、ＩＴを利用して新しいコンセプトを持ち込んできたわけだ。

他産業への影響力の波及

一つの産業における変化が、他業界に影響を及ぼすこともある。特に、自動車産業の変化は、他業界に対する影響が大きい。影響を受ける業界の一つが、損害保険業界である。自動車に利用されるデジタル技術の進化により、保険会社も新しいサービスの開発に取り組んでいる。

損保ジャパン日本興亜は、情報通信機器を搭載した電気自動車対象の自動車保険を、２０１３年から発売した。契約自動車の走行距離や走行傾向といった概要をドライバーにフィードバックし、エコ運転・安全運転などを診断できる。走行データ（走行距離）に応じた保険料を算出し、契約2年目から適用するという業界初のサービスを受けることもできる。また、契約車が盗難に遭った場合、情報通信機器を活用して車両を追跡する「盗難追跡サービス」も提供される。

これは何を意味しているか、おわかりだろうか。ＩＴ技術により、走行データを取得して保険料を細かく計算できるようになった。これは通常、顧客である被保険者に有利に働く。支払う保険料が下がるのだ。

保険会社からすると、大きく収益が落ち込む可能性を否定できない。それでもデジタル対応は時代の要請であり、大手各社の社長ともその必要性を訴えている。自社が進めないと、他社から参入される可能性があるからだ。自動運転が開始された場合、自動運転車を主導しているＩＴ企業が損害保険サービスを開始することは十分に考えられるのだ。

損害保険業界では、インターネットの発展に伴い、ダイレクト自動車保険の販売が始まった。それまでは、保険販売だけを行うプロ代理店と呼ばれる専業代理店と、自動車ディーラーを中心とした副業代理店で強固な代理店網を構築していた。

ダイレクト自動車保険に対しては当初、契約者から顔が見えないのに事故対応ができるのか、と心配する声があった。それに対し、コールセンターでの24時間365日の事故受付、手続きを一貫して行う専任担当者に分けて対応した。対面の代理店と変わらないサービスレベルで、逆に受付時間を個人に依存しないため対応スピードが上がる結果となり、契約者に無用の心配であったことが浸透していった。

現在ダイレクト損保を牽引しているのは、ソニー損保である。J・D・パワーの2016年度調査では、2年連続で事故対応満足度1位となった。評価項目は全部で6項目あるが、「事故受付体制」「事故対応担当者」「保険金支払」の3つの項目でトップ。損保各社で評価に最もバラつきがあるのが事故受付体制だが、ソニー損保はその事故受付体制で最高の評価を得ている。

一方、東京海上、三井住友海上、損保ジャパン日本興亜のメガ3社は、既存の代理店チャネルが中心だったため、ダイレクト損保への参入に対して腰が重かった。しかし現在では、すべてダイレクト損保の子会社を通じて参入している。

現在の自動運転車などデジタル化への対応については、ダイレクト損保への対応よりも素早い。それだけ、損保業界は自動車産業の変化に対して、強い危機感を持っているといえる。

2 顧客が中心

消費者が持つ情報量の増大

買い手である消費者が収集できる情報は増大する一方であり、選択肢も大きく広がっている。消費者はさらに飽きやすく、次々に新しい製品を求めるようになった。待ちきれない消費者に対して、売り手である事業者は後手に回り、消費者に〝振り回されている〟のが実情だ。

消費者がメディアから得ている情報は、質・量ともに増加の一途をたどっている。量の面では、総務省の情報通信白書に基づき試算すると、2010年から2014年の5年間でネット上のトラフィック量は2・8倍になった。モバイル通信のスピード向上、画像・動画のダウンロード増加という背景のもと、たった5年間の間に、消費者が受け取るデジタル情報の量は3倍近くに達したのだ。

質の面では、ネットから必要な情報だけを取り出してくれるキュレーションサービスが一般化しつつある。テレビCMで有名な「グノシー」や「SmartNews」といったニュースアプリが、エンタメ、スポーツといったジャンルを分けて、無料ニュースを自動的に収集してくれる。従来メディアでも、日経新聞の電子版アプリでは、事前にキーワードを登録しておくと、関連記事を紙面中にて赤枠で囲ってくれ、必要な個所だけ拾い読みがしやすくなっている。

キュレーションサービスでは、興味・関心に応じた情報収集というレベルではなく、より深いリサーチというレベルでも活用できるサービスも登場している。白ヤギコーポレーションが提供する「カメリオ」アプリでは、３００万以上にわたる幅広いテーマを設定しており、利用者はその中から30個のテーマをフォローできる。

例えば、マーケティングという言葉から始まるものだけでも10個のテーマがある。最もフォロー数が多いのは「マーケティング」で１８９１人、逆に少ないのは「マーケティング論」で6人しかフォローしていない。数人しか興味を持たないようなマニアックなテーマにまで分解できるため、自分が知りたいニュースにピンポイントで出会える可能性が高い。

探している具体的なテーマがなければ、テーマを追加してもらうこともできる。ソーシャルメディアとの連携を通じて、ユーザーの「こだわり」条件を理解し、機械学習、データ解析を駆使して、抽出するニュースの精度を上げていってくれる。もちろん、ユーザー側からテーマに合致しない記事を通報し、さらに記事抽出の精度を上げることも可能だ。

広がる選択肢

消費者の選択肢は、購買するチャネル、アイテムの面で大幅に広がっている。通信、決済、セキュリティ技術の進化を取り込んだP2P（個人対個人）プラットフォームが、消費者間の取引を支える存在として選択肢を増やす役目を果たしている。

チャネルでは、イオンやセブン&アイ・ホールディングスといった大手流通業者から、EC（電子商取引）サイトに出品する零細事業者、さらに一般個人にまで販売者のすそ野が広がる。特に個人では「ヤフオク！」のオークションサイトだけでなく、「メルカリ」のようなフリマアプリも増えて来ている。

チャネル自体が増えるだけではなく、チャネルを組み合わせることで選択肢を増やすことができる。

マッキンゼー・グローバル・インスティテュートの調査によると、米国での損害保険加入者のうち、オンライン、またはオフラインのどちらかのチャネルだけで情報収集から加入までを完結させたのは4割程度であり、残りの6割はオンラインとオフラインを併用している。消費者側の複数のチャネル選択に対応するために、事業者はあらゆるチャネルでシームレスに対応するオムニチャネルを用意しなければならない。

取引されるアイテムも、P2Pプラットフォームによりチャネルが広がったことで、多種多様になっている。中古品取引される対象が拡大し、完成品だけでなく交換用のパーツ、個人によるハンドメイドの雑貨の販売も行われている。

ヤフオク！には4万を超えるカテゴリーがあり、常時4300万品目が出品されている。1

日に約4000万個が出品されているから、ほぼ1日で全商品が入れ替わる計算だ。リアルチャネルでは、九州一円で展開するホームセンターのハンズマンが、幅広い取り扱い品目で有名だが、それでも200分の1の22万品目にとどまる。

バーチャルアイテムの販売も大きく増加している。ゲーム内でのアイテム課金は、2014年時点で推定5662億円という大きな市場へと成長している。

今後、デジタルコンテンツを売買するプラットフォームを整備できれば、デジタルコンテンツの中古品流通の可能性もある。例えば、個別に販売されているデジタル書籍、楽曲は値付けしやすいので、著作権の問題をクリアできれば有力な候補となり得る。

膨大な選択肢に囲まれる中、消費者は、売り手である企業の製品・サービスの大半を、無意識に容赦なくスルーする。P2Pプラットフォームの登場などにより、新たな価値の創造・流通という点で主導権が消費者に移りつつある。売り手である事業者は、消費者の求める新たな価値のトレンドを追随し、それに合わせた価値の提案に努めなければ、膨大な選択肢の中で埋没する。

消費者が求める価値は、「利便性」だけではなく「快適な経験」になっている。経験の種類は、新しい経験もあれば、過去の経験の回帰でもある。消費者を面白いと感じさせるには、消費者の実際の経験と、それを通じた価値認識に考えを及ばせる必要がある。

売り手の立場で品質向上を目指して「性能が良い」製品、「レベルの高い」サービスにしても十分ではなく、消費者の選択に値する経験という価値を訴求しなければならない。売り手の目線での提供価値ではなく、買い手の「経験価値」という観点で考えなければならない。

オークションサイトやフリマアプリのP2Pプラットフォームは、消費者自身が新たな価値を発見しながら出品している。例えば、ヤフオク！に「虫類」というカテゴリーがある。大部分は海外の希少なカブトムシ、クワガタであるものの、中にはカタツムリ980円という出品まで存在する。しかも、それに応札がある。カタツムリを飼育する経験価値に注目した消費者がおり、それに共感する消費者もまたいたのだ。

クラウドファンディングは、プロジェクト提案者が実現したいビジョンに対して、それに共感した支援者からの資金を募るP2Pプラットフォームだ。日本最大の「ReadyFor」では、「第1弾！唯一日本人所有の飛行可能な零戦を日本の空で飛ばしたい」というプロジェクトが成立している。支援者は、1018人、支援金額は2300万円に達した。

プロジェクト支援の形として、一番支援金額の割合が多かったのは、1万円の支援で機体への名前の記名と、記念品（マグカップとクリアファイル）をもらえる形であり、433人が応募している。433人の支援者にとっての価値は、共感したプロジェクトを支援したという達成感にも似た経験価値なのである。

3 顧客情報の収集と分析

顧客行動の収集

消費者は、デジタル空間において心地良いコミュニケーションを求めている。普段使いのデバイスで、違和感のない形で、興味・関心のあることだけを、すぐに知りたい。この期待にズレが続くと、消費者は少しも我慢をしない。

消費者がコミュニケーションをスルーするだけなら、売り手にもまだ挽回のチャンスは残っている。ところが、デジタル空間では迷惑メール設定や、オプトアウトという手段で、手軽に売り手のアプローチをシャットダウンできる。デジタル空間では、消費者が能動的に「Ｎｏ」という声を上げやすくなっている。

売り手の事業者は、消費者の求めていることを、アンテナ高く、常にウォッチし、それに合わせて自社のコミュニケーションを修正し続ける必要がある。修正を通じて目指す最終形は、個々の消費者にパーソナライズされたコミュニケーションを行うことだ。ただ、一足跳びにそこまで至ることはできない。

消費者のカスタマージャーニーのどこで、何を、いかにコミュニケーションするのか、マーケティングコミュニケーションの設計力を問われる。カスタマージャーニーを想定し、それに合わせた、マーケティングコミュニケーションを設計できて、初めて消費者との関係構築のスタート地点に立てる。狙いを定めたターゲットに、違和感を持たれないタッチポイントで、デザインやクリエイティブを磨いたコンテンツを、鮮度の高い行動履歴から最適と考えるタイミングで打ち出していく。

従来からマーケティングコミュニケーションは行われてきた。だが、精緻なターゲティングに基づかず、一方的な発信になっていた。

例えばテレビCMの場合、15秒の映像というコンテンツを通じた視聴者に対するコミュニケーションである。放送局はタイムCMやスポットCMという形で「枠」を販売しており、「枠」を買った結果、どのような顧客にリーチできるかは番組内容や放映時間帯から性別や年齢層という基本属性を推定するしかなかった。土日の終日は平日18時以降であれば、男性若年層、女性全般にリーチしやすいといった具合だ。

テレビCMからメッセージを受け取った視聴者が、どのように反応をするのかはリアルタイムでは分からない。テレビで伝えたメッセージは、時間を置いて自社への問い合わせや製品・サービスの購入という形で表に出てくる。

こうしたリアルでの反応は、テレビCMというメッセージ発信してから時間をおいて起こるため、その間に視聴者がたどったカスタマージャーニーを見えない。テレビCM以外の雑誌広告に反応したのかも知れないし、店頭でのプロモーションかもしれないし、友人からの口コミかも知れない。何が決め手だったかが見えにくいため、次のマーケティングコミュニケーションで学びを反映していくことが難しかった。

一方、デジタル空間では、消費者の認知から購買までの行動が完結するようになり、行動把握の精度が向上した。その結果、「枠」から「人」へ、一方通行から双方向へと、マーケティングコミュニケーションが変化しているわけだ。

現物を確認する必要性や、内容説明の難しさから不向きとされた、中古車や生命保険までEC（電子商取引）サイトで販売できるようになり、デジタル空間だけで消費者のカスタマージャーニーが完結するケースも増えてきた。

デジタル空間での一連の行動を追えれば、今まで見えていなかった購買への貢献度を見えることになる。それに向けて、デジタル空間の消費者としてのオーディエンス（視聴者）の行動データの収集と、蓄積・活用の仕組みが進化してきた。

データ収集では、第三者配信広告サーバーの登場が大きい。メディアサイト表示の裏側では、メディアのコンテンツ用のWebサーバーと、広告配信用の広告サーバーを分けて管理している。広告配信用の広告サーバーをメディアではない第三者が運営することで、広告を閲覧したオーディエンスのデータを、広告主側がメディア横断で取得できるようになった。

具体的には、オーディエンスの閲覧、検索、クリックというデジタル空間での行動を時系列で収集する。仕組みとしては、最初のアクセス時に、広告サーバーからｃｏｏｋｉｅをオーディエンスのブラウザー側に保管させることで、2回目以降にはｃｏｏｋｉｅを媒介として同じオーディエンスとして認識する。このデータは、個人名と紐つかない匿名データであるものの、特定のブラウザーという単位で、デジタル空間での一連の行動を収集可能となる。

データの分析と活用

データの分析と活用では、ＤＭＰ（データ・マネジメント・プラットフォーム）という考えが中心にある。オーディエンスデータと顧客データを一元管理して、デジタル広告配信・効果測定に活用していく仕組みである。ＤＭＰの概念は幅広く、プライベートＤＭＰと、パブリックＤＭＰとに分かれている。先ほどの定義は、プライベートＤＭＰのものであり、事業者が自社で活用することを想定している。

パブリックＤＭＰは、他社への販売を目的に、オーディエンスデータを幅広いメディアやデータ提供事業者から集めている。デジタル空間での行動データだけでなく、パネル調査の登録者の詳細な属性データも併せて蓄積し、自社で保有している以外のオーディエンスデータを活用したい事業者にクラウドサービスの形で販売している。

オーディエンスデータの収集が進むにつれて、「人」単位で広告を買うことができるようになった。大まかな性別・年齢のような基本属性ではなく、デジタル空間での行動に基づいたより精緻なターゲティングができるのだ。

例えば、過去1カ月間に自社のWebサイトを訪問したオーディエンスといったターゲティングも可能だ。過去1カ月間にアクセスしたcookieを持つオーディエンスという形で設定する。過去に接触したオーディエンスを対象とするので、リターゲティングと呼ばれ、効果の高い手法である。これをさらに進めると、理論的には特定のcookieを持つオーディエンスを指定し、One to Oneに近いアプローチも可能だ。

オーディエンスの行動にリアルタイムで反応できるようになったことで、双方向のコミュニケーションが可能となった。広告主は、自社が狙うオーディエンスを事前に設定し、そのオーディエンスが対象メディアにアクセスした瞬間に、広告を表示している。オーディエンスの側からすると、行動した瞬間に関連した広告が表示されるので、自分の行動に対応して広告主が反応したように見える。

こうした仕組みは、RTB（リアルタイムビッディング）という、金融の世界で使われて来たシステムトレーディングの仕組みを転用したものだ。メディアからのオーディエンスのアクセス情報と、広告主のターゲティング情報をマッチングさせ、複数の広告主間で広告表示する権利を入札している。このプロセスを自動化することで、0・08秒くらいのスピードでの処理を実現し、まさにリアルタイムで広告が表示されるのである。

取得できるオーディエンスデータが増大する中で、マーケティングコミュニケーションのオプションは広がっている。今や、このオプションをいかに使いこなすかが効果的なマーケティングの別れ道となっている。オーディエンスデータの収集・蓄積が進むにつれて、アプローチできる対象の拡大と、ターゲティング精度も向上している。

さらに、パブリックDMPの外部データを活用することで、自社が今までリーチできなかったオーディエンスにもアプローチできるようになった。コンテンツもデジタルテンプレートと、それに載せる画像をデジタル素材としてストックしておくことで、ゼロからではなく、組み合わせるだけで作ることができる。マッケッターからすると、デジタル空間ではリソースの制限が消え、次々に施策を行うことができるようになってきているわけだ。

一方で、せっかく集めたオーディエンスデータも、消費者から心地良くないイメージを持たれてオプトアウトされてしまう恐れもある。オーディエンスのネガティブな反応を回避するという観点で、マーケティングコミュニケーションにおいても、ガバナンスが重要になってきている。

ガバナンスでは、自社ブランドとの整合性、メッセージの一貫性を担保し、デジタル空間だけでなく、リアルの店舗や営業職員の対応といったタッチポイントとも連携していくことが求められる。その上で、オーディエンスの反応をタッチポイント、コンテンツ、タイミングという観点に分けて見極め、事前の想定と違っているポイントはすぐに修正する必要がある。

こうした仕組みを有効に活用するためには、何が悪かったのかを把握できるKPI（重要業績評価指標）を設定することが重要だ。ただ、その場合、ターゲットとする消費者に、何をしてほしいのかといったＫＧＩ（重要目標達成指標）を明確に定義できていない場合が多い。

マーケティングコミュニケーションのゴールを、リテンション（顧客の囲い込み）やロイヤリティ向上に設定してしまうのがよくあるケースだ。これだと、具体性が足らず、何を以ってリテンションの向上なのか、ロイヤリティの向上なのかが見えない。

そうではなく同じリテンションでも、既存メール会員のオプトアウト率を10％未満とするようなマーケティングコミュニケーションを目指すという設定するべきだ。そうすると、指標をさらにタッチポイント、コンテンツ、タイミングといった要素に分解でき、個別のプロセス毎にＫＰＩを設定することが可能になる。

４　データ活用基盤の発達

爆発的に膨張するデータ量

インターネットに接続されているデバイスの数は、２０１２年には90億台だったのに対し、２０２０年には数百億台を超えると言われている。モバイル端末の加入者数は60億人と試算されており、世界の人口が約75億人だとすると、およそ８割の人がモバイルを持つ時代になる。デバイスの数では１人平均３台弱という計算だ。

これが２０２５年になるとデバイスの数が２兆台にまでなると言われている。その時の世界の人口が約80億人だとすると、単純計算だが一人平均２５０台のデバイスを持つ。生活に関係するモノのほとんどが接続されることになる。

しかも、身の回りの多くのデバイスが接続されていることを多くの人が意識していない可能性さえある。デバイスは電化製品だけでなく、身に着けている衣類、ペットボトルの飲料など多岐にわたり、こうしたデバイスからは生活を快適にする情報が常にリアルタイムに提供されることになるだろう。

収集されるデータの内容も多様化しつつある。これまでは、スマート端末の普及や、データ分析ツールの高度化により、写真や動画、会話など、従来の単純な数値や文字情報以外のデータを収集し、その分析ができるようになった。

コンビニや駅の売店に置かれている雑誌は、店舗によって売れ行きが不確定であるため、店舗ごとの予想が必要となる。季節によっても変動がある。これまでは、人のカンにより最適な調達部数を予想しており、機械化は難しいと考えられてきた。

小売業の中には、ＰＯＳ（販売時点情報管理）データを用いて、需要予測をＩＴ化で実現しようとするところもあった。いつ、何が売れたかを把握するのは簡単である。だが、どの性別の何歳ぐらいの人が買ったのかを把握するためには、店員がその情報をレジに打ち込む必要があった。

最近は、防犯カメラなどの動画解析を通じて、顧客の特性を判別することが研究されている。男女の区別や、おおよその年齢などに加えて、動きが早いか遅いか、服装がラフかどうか、などによる顧客の行動特性までが把握できるようになりつつある。

デジタルの世界では、さらに進んでいる。自社会員の顧客属性と行動履歴により、様々な分析を行うことが可能になり、アマゾン・ドット・コムをはじめとするEC（電子商取引）サイトでは、商品のレコメンデーションが行われている。

前項で述べたように、オープンDMP（データ・マネジメント・プラットフォーム）の登場により、使えるデータの種類は広がった。自社の顧客や会員のデータに、このDMPデータを組み合わせることで、新しい顧客属性の分析が可能になり、より詳細な顧客セグメンテーションを行うことができるようになった。

これをローンサービスに応用した場合を考えてみよう。これまでは年齢や職業、収入、金融資産などのデータを基に返済能力を判断していた。しかし、同じ属性を持つ顧客でも返済能力に差がある可能性がある。

オープンDMPに蓄積されたデータを解析することで、「申し込みを慎重に行った」顧客の返済能力は高いと評価できるかもしれない。すなわち、顧客がWeb上で取った行動に基づき、返済能力が高いか低いかが判断できるということだ。

個々人のデジタルの世界の行動は、至るところに足跡を残しデータとして蓄積されている。その膨大なデータを基に、その人が思いも寄らぬところで、行動属性が評価され利用されているのである。

蓄積・活用されるデータは、特定の個人に紐付くものから、電子空間を通過したすべてのデータに広がった。画像や動画を含めた大量のデータを、どのように利用できるかについて、注意深く考える必要がある。

データ収集・蓄積基盤の進化

こうした大量、かつ複雑なデータを収集し管理するための技術は、驚くべき進化を遂げている。CPUの速度、ストレージの容量、ネットワークの速度は指数関数的に進化してきた。コンピュータの演算速度の向上と相まって、より大容量のデータを伝送・蓄積し、より短時間での分析が可能となっている。総務省の情報通信白書によると、2020年にコンピュータの演算速度は「人間一人の脳を完全にシミュレーション可能な性能」にまで至るという。

少し前に「ユビキタスコンピューティング」という言葉を耳にした。コンピュータが至るところに存在し、〝いつでも〟、〝どこでも〟簡単に使える、すなわち簡単に情報へアクセスできるという概念だ。一方、「あらゆる場所であらゆるモノがネットワークにつながる」ことは「ユビキタスネットワーク」と呼ばれるようになった。

ソーシャルメディアによる個人から個人への情報伝達速度はかつてないスピードで増加し、そのクチコミによる情報の伝搬力は計り知れない効果を発揮している。どのデバイスからでも、情報を登録し、欲しい情報にリーチすることができる。

これまでデータを持ち運ぼうと思うと、一つのデバイスにデータを集中する必要があった。だが、クラウド事業者のサービス高度化に伴い、利用環境が本格化し、強力なマシンパワーを安価に使えるようになった。

結果として、一人の人が複数のデバイスを使い分けることができる。電子書籍でビジネス書を購読する場合に、通勤中はタブレットで読み、業務中に確認する必要があればPCで読み、夜は自宅でくつろぎながらスマートフォンで見る。自分の好きな媒体を、好きな環境で使えるのである。

映画の鑑賞も同様だ。自宅の大画面テレビでゆっくりと見て、続きを電車の中のスマホで見る。そうしたことを行うことが可能となった。

「アンビエントＩＴ」という言葉も登場している。「周囲や環境に溶け込むＩＴ」という意味であり、ＩＴが人々の生活に見えない形で溶け込み、快適な生活環境を提供するというものである。

人々の生活に溶け込んだ情報環境が、陰ながら人々の状況をウォッチし、膨大なデータをもとにセンシングし、〝必要な時に〟、〝必要な場所で〟情報を提供したり、快適で安全な生活環境を提供したりするという概念である。デジタル技術をまったく意識する事なく、生活できる世界を意味する。

衣類が人間の汗を感じ取ったら、除湿器が動き始める。体温が下がっているのを感じ取ったら、エアコンの暖房が動き始める。ペットボトルをいつも半分くらいしか飲まずに残してしまう人の場合、次回からは自動的に半分の大きさで配達されてくる。

アンビエントＩＴの描く10年後の未来とはこのような膨大なデバイスを利活用するものなのだ。これは即ち、デジタルマーケティングの裾野が圧倒的に広がることも意味する。企業としてはいち早く、この流れを感知し、マーケティングに参入していけるよう準備しておいた方がよい。

情報はこれまで、人々が能動的にインプットしていた。これからは、いつの間にかどこかで自動的に取得されているのである。

データ分析環境の進化

大量のデータを収集するだけでは活用できない。そのデータから読み取れる意味合いを明確にしなければならない。収集したデータの分析に長い時間をかけていてはだめだ。リアルタイムに分析できる機能が望ましい。

２０１６年になって、ますますＡＩ（人工知能）の進化が著しく、連日のように紙面を賑わせている。なかでもＡＩブームを象徴するかのような出来事があった。２０１６年４月の主要７カ国（Ｇ７）情報通信相会合で、日本政府がＡＩの研究開発に国際的な統一基準を設けるよう呼びかけた。自動車やＩＴ産業でＡＩを活用した製品開発が進んでおり、共通ルールを作る必要性を各国に訴えたのだ。

高市早苗総務相は、「ＡＩが社会のあらゆる分野に活用され、社会・経済にはかりしれない影響を与えることが予想される」と説明しており、進化が暴走しないようＡＩ開発に関して下記のような原則を示し、大筋合意した。

・人間がＡＩを制御できるようにすること
・ＡＩが人間の生命の安全に危害を及ぼさないようにすること
・ＡＩが人間のプライバシーを侵害しないようにすること

ＡＩ技術を使ったサービスでは、Ｗｅｂやスマート端末、ロボットなどに従来とは異なるユーザーインタフェース（ＵＩ）に組み込まれる。現在は人間の手でキーボードやマウス、タッチパネルなから物理的に操作することがＵＩの起点となっている。だが、「Ｓｉｒｉ」や「Ｇｏｏｇｌｅ Ｎｏｗ」のような自然言語インタフェースなどが進化し、広く使われるようになっていくだろう。

「ボット」と呼ばれる、スマート端末上でのＵＩも大きく進化している。会話の相手はロボットなのだが、こちらからの問いかけに対して適切な答えを返してくる。最初のうちは会話がチンプンカンプンであっても、時間とともにボットが学習して、正確になってくるのである。

こうしたＡＩ技術を使うためのＩＴプラットフォームは、以前なら個々の企業が独自に開発する必要があった。だが、今やＩＴ企業が様々なプラットフォームを提供するようになった。

ＡＩ技術を使いたい企業は、ＩＴ企業があらかじめ用意しているシステム上のルール、つまりＡＰＩ（アプリケーション・プログラミング・インターフェース）に従うだけで、自社のシステムに簡単にＡＩを組み込むことができる。自前で機械に学習させるデータをそろえる必要はなく、音声認識のような機能を加えることが可能になった。

このようなプラットフォームにより、ＡＩ技術を活用するサービスを想定し、必要な機能を機械に学習させて、様々な仕事をＡＩに担わせることができる。人間が携わってきた単純作業の機械化が進み、より高度な分析・予想を要する作業までＡＩ化できるかもしれない。

これまで映画の世界で語られてきたような出来事が、現実に起こりかねない。それほどにＡＩの進化によって、人間が行ってきた作業はかなり高度なものまで含めて、ロボットが代替する準備が整ってきた。

最終的には、利用目的の明確化

ＩＴの大幅な進歩により、現場で起きている情報をリアルタイムに収集して分析し、次の戦略に生かすことができるようになった。逆に、企業がそれを生かしていかないと、対応が後手に回ることになる。

ただ、これらはあくまでもツールにすぎない。方向性を定め、有効に活用するのはやはり人なのである。この先の未来を予測し、他社に先駆けて活用する準備をすることが必要となる。

いくら機械が学習できるからと言っても、何を、どのように学習していくのかは人が定義しなければならない。ＩＴを活用することが必須だが、それにより何を実現したいのかは、人が決めることである。

どのようなサービスや事業を展開するのか、どのようなビジネスモデルにするのかも人が決めることである。

5 エコシステムの加速化

イノベーションに求められるスピード感

イノベーションの取り組みが世界的に拡大している中、日本企業にとって製品・サービスの研究開発スピードを上げることは喫緊の課題となっている。技術革新により新しい製品・サービスを生み出し、日々進化させるため、研究開発を進めていかなければならない。

しかしながら、日進月歩で進化を遂げるITを活用して、研究開発をスピードアップすることを、自前の研究開発リソースだけ行うことは難しい。一つの解として、外部の企業や大学などの研究機関から積極的に技術を吸収する事が必要になってくる。

こうした状況を背景に産学連携の動きは従来よりも加速化している。単なる研究開発というよりも、製品・サービス化を狙った動きが盛んである。FinTech（フィンテック）であれば米国のスタンフォード大学だし、自動車業界は同じく米国のマサチューセッツ工科大学（MIT）と提携した研究が進んでいる。

イノベーションと言っても、まったく何もないところから考えるのは難しい。これまでの経験や知識をベースに考えることが現実的だ。自社のサービスに、ちょっとした手法や工夫を組み合わせることで、イノベーションになり得ることもある。

経営学の「知の探索」と「知の深化」の理論で言うと、イノベーションを起こすにはできるだけ多くの知の探索を行い、既存ビジネスとの組み合わせを試してみる事が重要となる。ただ、知の探索には手間やコストがかかる。その割に、どれだけの効果が出るかを予測するのも難しい。従って、社内での承認を得ることが難しく、大きな投資をしてまで進めるという判断をすることが難しい。

一方、知の深化であれば、「現在のビジネスを効率化する」、「IT技術を活用して、既存のユーザーインタフェースを改善する」といった取り組みになり、成果としての説明がしやすい。企業としてはどうしても、探索よりも深化を優先しがちになる。

こうなると、「コンピテンシートラップ」と呼ばれる状態に陥る。現在のビジネスが成功すればするほど知の深化を優先してしまい、結果として中長期的なイノベーションが停滞するというものだ。

目先の利益ではなく、中長期的な視点を持つならば、知の探索は必要不可欠で、投資してでも常に取り組み続けるべきである。このためにも、外部から新たな知識を積極的に吸収することが必要となる。

外部からの知識を上手く活用した事例としては、トヨタ生産方式（ジャスト・イン・タイム）が有名だ。

トヨタ生産方式を生み出した大野耐一氏は、米国のスーパーマーケットの仕組みを聞いた時に、スーパーマーケットを生産ラインにおける前工程と見立てるとどうなるだろうという発想につながったと話している。

スーパーマーケットの場合、顧客は必要な商品を、必要なときに、必要な量だけ買いに行く。スーパーマーケットが前工程、顧客が後工程と置き換えて考えると、生産ラインにも同様の発想が生かせるのではないかと思いついた。そして、これまでとは逆の仕組みとして、後工程から前工程に必要な部品を要求するというモデルを考え、トヨタ生産方式が生まれたのだと言う。

少しだけ視点を変え、新しい発想を得ることで生まれたトヨタ生産方式が、今では日本中の製造業から模範とされるものになった。こういった新たなビジネスアイデアを最初から予見することは不可能なので、日頃から新たな知を吸収できる環境作りが重要になってくる。

R&Dに対する発想の転換

自社の事業領域であれば、どうしても「研究開発は自社で行うべき」との意見が根強い。「自社内で考えたものでなければ、自社らしくない」というのだ。確かに、自社ですべて行えるのであれば、それに越したことはないだろう。

しかしながら、業際を越えて競合他社が現れる今日において、すべてを自社で行うことは土台無理に等しい。短期的な事業の成果が見えている研究は自社で行ったほうが効率的だが、中長期的な、自社だけでは実現困難なものは外部と連携した方が効率的である。

研究開発は、他社と差別化するための機密情報という考え方もある。だが、極力閉じられた環境で、自社の研究成果を外部に漏らさないよう必死になるのは、もはや古い。新しい技術は、自社とは知らないところで生まれている可能性が高い。

日本企業は長い間、自社内に閉じた研究に依存することが多かった。新たな技術を外部から取り込むことに抵抗感があることが多い。新しい技術を見ても「自分たちの方がより良いモノを作れる」と意気込む。ただ、結果としてデファクトスタンダード、いわゆる業界標準をとれないことが多い。

日本企業がこの閉鎖的な政策を継続し、研究開発に対して自前主義に陥っているならば、世界的に進むイノベーションの流れに出遅れてしまうことが懸念される。日本のデジタル化が思うように進まなければ、ますます世界のイノベーションの流れから取り残されてしまう。

自社の強みになるような事業部門における専門領域は、これまで通り研究・開発を続けることも有効だろう。だが、その事業領域に生かすためのＩＴの研究開発には、本腰を入れてこなかった。このため、デジタル化の取り組みについても、外部の専門企業から積極的に吸収するように検討したほうがよい。

イノベーションに対する考え方の変革

イノベーションをどのように考えるかについては、日本と海外では大きく違いがある。日本は技術革新やインパクトの大きいビジネス変革でないとイノベーションと判断しない。米国では少しの変化でもイノベーションと捉える傾向がある。欧州も米国ほどではないにしても、日本よりはよほどイノベーションと捉える範囲が広い。

しかし、世に出てきた時から誰が見ても画期的な技術と言えるものがどれだけあるだろうか。かつての三種の神器であれば、誰の目にも画期的と映ったかもしれない。自動運転やＡＩ（人工知能）などもインパクトが大きいうえに、世の中を大きく変え得る可能性も感じさせる。

人々の生活が飽和している現代において、最初からビジネスインパクトを期待できるものは、そんなに多くはない。ちょっとした技術の前進に、アイデアを駆使した様々な新ビジネスを掛け合わせることで、革新的なイノベーションを起こしていくのだ。それは過去のイノベーションを例に取ってみても同じで、世に出てきた時はまだ疑心暗鬼の目で見られていたものである。

ｉＰｈｏｎｅは、その初代が２００７年1月にＭａｃＷｏｒｌｄ Ｅｘｐｏで発表された。瞬く間に、米国で圧倒的なインパクトと共にスマートフォンの世界を創り上げていった。

当時の日本はいわゆる〝ガラケー〟の全盛期であり、ワンセグでテレビを見ることができ、デジカメ並みの高画質カメラを搭載した携帯電話が、既に人々の生活に浸透していた。当時はスマートフォンよりもガラケーが使いやすいという声のほうが多かった。

スマートフォンの利点は、インターネットに簡単にアクセスできる、全面液晶のタッチパネルであるが、ガラケーでもｉモードなどを利用した便利な情報収集できるとされた。タッチパネルに至っては、テンキーの方が使いやすいし、入力が圧倒的に早いと言われていた。

しかし、いざｉＰｈｏｎｅが発売になると、そんな事前の予想とはまったく異なり、瞬く間に日本全国でｉＰｈｏｎｅが爆発的に売れ始めた。

スマートフォンに内蔵されたジャイロセンサーをご存じだろうか。精密機器の角度やバランスを測るために使われる部品のことだ。それまでは、安くて小さいものの感度が悪いために粗悪品として扱われた。これを試しにスマートフォンに取り込んでみたところ、エンターテインメント機器として活用されるようになったのだ。

イノベーションの可能性を見逃さないこと、そのためにチャレンジし続けることが重要なのであり、そのマインドを企業文化に植え付けることが日本の企業には求められている。これを疎かにすると世界のイノベーションの流れから置き去りにされてしまう。既存で成功しているビジネスであっても、ＩＴベンチャーなどが創り出す新しいビジネスによって淘汰されていく可能性すらあり得る。

オープンイノベーションでビジネス化を加速

ＩＴの進化により、研究開発の成果がより短期間で求められ、自前だけで新しい分野に研究開発や投資を行うことは難しくなる。となると、自前でやるより他社と組み、既存知を吸収した方が早いということになる。ＩＴベンチャーの中から有力な企業を探し出し、最先端の技術を取り込もうとする流れは必然と言える。

一方で、ネガティブな意見も見られる。例えばＦｉｎＴｅｃｈのスタートアップ企業に対して、大手金融機関は「自分たちの仕事を奪いかねない新参者」と見なす。だが、基本的には新しい市場を作って行くための協業相手と見るべきだ。

デジタル化が加速すると、金融機関にとってのライバルはＩＴ企業になる。金融機関はＩＴにおいて、ＩＴ企業にはかなわない。ＩＴ企業が本腰を入れ、本格的に金融業に乗り込んで来る前に、その技術を自社内に取り込んでしまったほうがよい。

大企業といえども、業界内に閉じた視点で戦っているだけでは、この先も勝ち残っていくことが難しい。幅広く新たな技術を取り込むためには、スタートアップ企業をはじめ、広くＩＴ活用を検討している企業に関する情報収集を怠ってはならない。協業相手としての可能性も考慮したほうが得策なのである。

〝オープンイノベーション〟とは、自社の製品やサービスが抱える課題に対し、自社の研究開発だけで解決するのではなく、必要に応じて社外の技術の中から最適な組み合わせを探し出し、より迅速に解決することを指す試みだ。

日本企業の研究開発が自前主義だとすると、それは〝クローズイノベーション〟である。イノベーションに対するスピードが要求されている現在においては、考えを切り替えていくことが重要だ。

企業はイノベーションのアイデアを積極的に採用し、新たな製品・サービスを創造することで、デジタルカンパニーに生まれ変わっていくことが求められている。そのために必要な技術があるならば、オープンイノベーションで他社から積極的に取り込むのだ。

デジタル化が加速している現在においては、業界の垣根を越えて様々なデータが融合し、かつ早いスピードで変化を続けている。その変化を見極め、ビジネスを柔軟に対応させていくのは、優秀な技術者を多数抱えている企業であっても難しいので、戦略的に外部のアイデアを取り入れたほうがよい。

自社の情報もあえて公開することで、外部からより意味のあるアイデアを収集出来る可能性が広がり、結果的に利益の拡大につながっていく。

外部からアイデアを取り入れることは、コスト圧縮やリスクヘッジの効果もある。自社で一からそのテーマについて研究を始める場合、成功するかどうか分からないものに対して試行錯誤を繰りかえすことになる。コストや時間をどれだけ要するかも分からないということだ。

結果が出ずに終わってしまうというリスクまで考えると、既に確立済みの外部の技術を効果的に使えるメリットは大きい。試した技術が既存ビジネスと上手く融合しないなら、他の技術を組み合わせてみようという方針で臨むとよい。

外部のアイデアを見いだし、取り入れることができたなら、可能な限り早くビジネス化させるよう取り組んだほうがよく、そのスピードが速いほど企業価値を上げる効果が大きい。

競合企業が追いつく前にビジネス化し、先勝ちのメリットを生かした期間が長くなれば、競争不要の独占的な状態を作れる。先行している時に市場での良いポジションを築いてしまえば、その後の売り上げやレピュテーション（評価）の向上にもつながるため、イノベーションの効果を大いに企業価値に転換できる。

第5章

デジタル戦略の構築と実行

1 デジタル戦略方針の策定

これまでもデジタル戦略を立てる必要はあった。企業は、自社のホームページやEC（電子商取引）サイトを充実させてきた。インターネットにまったく対応してこなかった企業はないだろう。「何を今さら」と思う読者も多いだろう。

だが、これまでの取り組みは、本業の補完的役割だったと言える。ECサイトはリアルな店舗やコールセンターからのやり取りを補完することが目的だった。「ECサイトがメインであり、リアル店舗はその補完」という発想ではなかった。競争も、同業他社との間で行われてきた。

これまでのデジタル戦略との相違

そんな「ホームページを作ればよい」という時代は終わった。競合他社と比較してデザイン性に劣後は許されない。PC上でも、スマート端末上でも同様なデザインでなければならない。ホームページのデザインが大きく企業イメージの決め手になる。人材採用にもWebデザインが影響を及ぼす。リクルートが発行してきた採用雑誌は、すべてインターネット経由に置き換わった。少しの落ち度は、デジタル空間で噂を呼ぶ。

マーケティングでは少しずつインターネットでの会員制が進み、電子メールを活用した手法も盛んに行われるようになった。リアルチャネルと情報連携を取り、限りなくＯｎｅ ｔｏ Ｏｎｅ（1対1）に近い形で顧客へアクセスできるようになってきている。

リアルチャネルにおいても、デジタル空間での流れている情報を把握しなければならない。今や消費者のほうが、多くの情報を持っている。どういった情報が流通しているのかを知っておく必要があるし、知らない情報に対してどのように回答するのか、を決めておかなければならない。

デジタル化によって、商品・サービス別に「できること」と「できないこと」が異なれば、消費者は違和感を持つ。全社を横串で見る体制が必要なのだ。

新しいデジタル技術に詳しい技術者はもてはやされる。大手企業は米国でＡＩ（人工知能）技術者の囲い込みを進める。グーグルは、「優秀なＡＩ人材には年収５０００万円出す」という。

以上、従来との違いまとめると、次の点で大きく異なる。

・商品・サービス別だけで考えるのではなく、全社共通で横串を通したデジタル戦略の方向性を定めることが必要
・全社のデジタル戦略の方向性に従い、商品・サービス別に具体的な施策を立案・実行する

・これまでのビジネスモデルの延長線上だけで考えない
・デジタルチャネルが主であり、リアルチャネルはその補完、と発想を変えることも重要
・今のビジネスにＩＴを使うのではない。最新のＩＴを活用した、新しいビジネスモデルを考える
・ビジネスモデルは、カスタマーエクスペリエンス（ＣＸ）を充足させるものでなければならない
・新しいビジネスモデルを考えられるＩＴ技術者を採用するのは簡単ではない

もちろん、企業によってはデジタルには気を使わず、「これまで通り」という選択肢もあるかもしれない。その場合、競合企業としてのデジタルディスラプター（デジタルによる破壊者）が、従来からの自社ビジネスを破壊しに来ないことが大前提だ。競合は業際を越えてやってくる時代なのである。相応の自信が必要であり、リスクの高い選択肢と言える。

企業のデジタル戦略は、企業ブランドへも影響を与える。ブランドを維持・向上しようとすると、デジタルで相応の努力を払わなければならない。もはや表層的な施策だけに留まることはできない。ディスラプションはどんどん進む。自社らしいデジタル戦略を考えていくことが求められているのである。

顧客行動の把握と深い洞察

まずは、自社の製品・サービスが、どのような顧客層を対象とするのかを明確にすることだ。一般大衆向けに「品質の高い製品・サービスを作る」ことだけでは不十分なのである。

リアルチャネルでは、従来からフォーカスインタビューといった手法が使われてきた。顧客の行動を聞きながら、その潜在意識を深く確認していくのだ。

「こんなサービスを使いますか」といった単純な質問では意味をなさない。サービス内容が優れていて、価格や実際の操作性を提示しなければ、インタビュー対象者は「使います」と答える。逆に、サービスの内容が漠然としすぎていると、「使いません」と回答される。

デジタル空間の取り組みでも、同様にアンケートを取る手法が採用される。だが、対面式のインタビューと比較すると、さらに難易度が高まる。

かなり具体的な内容にしておかなければ、結果をそのまま使うのは難しい。対象者についても、うまく選別しなければ属性に偏りが見られ、適切な結果が得られないことになる。いわゆる「歪み」と呼ばれるものである。

どのような顧客層が、どのように自社の製品・サービスを使うのか、といった現状分析が必要不可欠だ。顧客の動向を十分に把握したうえで、どのように製品・サービスを使うのか、といったユースケースを想定する。顧客がどのような経験をしているのか、また、望んでいるのかを考える。

例えば、場所や時間を選ばずに仕事をしなければならないビジネスパーソンは多い。空港・駅や交通機関の中など、場所や時間に関係なく仕事をする必要性に追われる。こうした顧客層には、仕事以外での日常生活に対するサービスや、資産運用・保険などの金融サービスであっても時間を取られず、かつ快適なものが必要となる。

生産性が高いビジネスパーソンほど、プロフェッショナルサービスを求める傾向にある。しかし、対面でのサービス提供に対して時間を割くことは難しい。となると、ＡＩ技術を活用した専門サービスが適合する可能性が考えられる。

資産運用ならばロボットアドバイザーが有効である。ウェアラブル端末による健康診断などを求めるセグメントの発掘も可能だと思われる。

デジタルネイティブである大学生や新社会人では、ＬＩＮＥやＴｗｉｔｔｅｒがコミュニケーションの中心となっており、アルバイト探しや就職活動の際にも利用する。

転職に対する抵抗感は従来よりも下がっている。ＬｉｎｋｅｄＩｎでビジネス専用のプロフィールを作成する。人材紹介会社だけでなく、人材を探している企業も、このサイトを利用する頻度が高まっており、近い将来〝日本の人事部〟となる時代が来るかもしれない。

日々の生活においても、レストランを紹介するＷｅｂサイトを使って飲み会のお店を選び、ＨｏｔＰｅｐｐｅｒ　Ｂｅａｕｔｙを使って美容室を予約する。また、ＲａｒｅＪｏｂやＵｄｅｍｙ

を使って、すきま時間にスキルアップに勤しんでいる。

既に彼らが活用しているサービスを取り込み、組み合わせながら、新しいエコシステムが発達する土壌ができてきているわけだ。

高齢者についても、その実態は一昔前と大きく変化している。高齢者スポーツの代名詞であったゲートボールのプレイヤー人口は、120万人程度とピーク時の5分の1ほどに激減している。

代わりに60歳以上のFacebookの利用率が、総務省の調査では20％程度にまで高まってきている。近年増えてきているクローズドなソーシャルメディアの一種である家族間SNSや、〝みまもりサービス〟などの利用者の増加も考慮すると、高齢者の間で今後スマート端末の普及率はさらに高まることが期待される。

デジタルチャネルだけを使うのではなく、リアルチャネルも合わせて使うのが特徴である。それゆえに本人が使うだけでなく、家族が見守る、家族とつながる、仲間とつながるサービスを提供できれば、効果的である。

主婦層の動きも大きい。江戸時代から続く井戸端会議も、今やQ&AサイトのようなWebでのサービスやソーシャルメディアなどに取って代わられている。それに伴い、コミュニケーションの範囲が広がるとともに、匿名であることも手伝い、話題も多岐にわたっている。料理で悩んだ時はcookpadを利用し、買い物もネットスーパーを活用することで生まれた時間を、自己表現や子供の教育に活用するのだ。

そのため、今までのように限られた情報に基づく、ブランドに対する画一的な憧れは失われつつある。代わりにそれぞれが自分に合う、理想とする生活を持っているため、それをイメージできる製品、サービスとしての訴求が必要となる。

似たようなことは、枚挙にいとまがない。同様のサービスを求める同質のグループが存在し、デジタル、リアルを問わず情報交換する場が存在する。こうしたセグメント向けに革新的サービスを提供する企業の出現で、一気にディスラプションが進む可能性がある。

誰かにディスラプションされるのではなく、自らがディスラプターとなる必要がある。そのためにはまずターゲットとなる顧客層を定める。先に例は提示したものの「若年層」「女性」といったフワッとした定義だけでは不十分である。顧客層が本質的に解決したい問題が何であり、どのようなサービスに快適性を求めるのかを明確にする必要がある。

そしてターゲット層が、どのようなコミュニティで、どのように情報を拡散しているのかを知っておく必要がある。情報の拡散ルートと、興味を示すコンテンツの組み合せを理解することが極めて重要なのである。

新しい製品・サービスに必要なコンセプト

デジタルをテコに、ターゲットとした顧客セグメントがあっと驚くような製品・サービスを出していくことが求められる。その大きな特徴は、従来まで顧客が常識だと思っていたことが大きく覆る、ということである。

サービスのコンセプトを考えるにあたっては、以下のようなキーワードがヒントになる。

サービス提供までの時間

製品・サービスを提供するためのリードタイムを圧倒的に短くする。ただ、必ずしもリアルタイムになっていなくてもよい。「通常は1週間要する」ものが、翌日に仕上がる、ということでも、顧客には十分驚きを与えられる。

2014年末のニューヨークを皮切りに、日本でも2015年末から開始されたAmazon Prime Nowのインパクトは大きかった。送料が必要ではあるが、注文から1時間以内の配達をコミットしている。また、同じく2015年8月から楽天が最短20分での商品を配達する楽びん!を開始している。

両サービス共に提供開始から、本当に規定時間以内で配達されるのか、ということで注文から配達までの様子がニュースサイトやソーシャルメディア、ブログに投稿された。顧客の驚きは、それらを通じて拡散していった。

サービスの提供場所

「ある場所に行かなければならない」と考えていたことが、場所を問わずどこでも実現できるようになった。例えば、それは買い物であったり、語学学習であったりする。もちろん、現状では対面でないとできないコミュニケーションも残ってはいる。しかし、それは必要な場合に限定されるようになり、今後の更なるツール類の拡充と共に割合を減じていくことだろう。

あるいは、「この場所だと高いに違いない」と思っていたサービスが、意外と安価に受けられる、という驚きも有効だ。

ヘアサロンの予約サービスで、業界最大の集客力を持っているのがＨＯＴ ＰＥＰＰＥＲ Ｂｅａｕｔｙだ。もともとクーポン付きのフリーマガジンとしてスタートし、20代、30代の女性が主なターゲットだった。２０１０年頃より、オンライン予約に注力してきた。加盟店数は２０１４年に4万１０００店舗を超え、延べ予約者数は、３０００万人を突破している。

こうして加盟店数、予約者数が大幅に増加する過程で、ヘアサロンのビジネスモデルにも影響を与えた。銀座地区のヘアサロン数は近年倍増し、２００店舗を超えたという。

ＨＯＴ ＰＥＰＰＥＲ Ｂｅａｕｔｙの登場以前は、銀座のサロンというと、大通りに軒を構える高級サロンのイメージがあった。ところが、チャネルとしてのＨＯＴ ＰＥＰＰＥＲ Ｂｅａｕｔｙ

の影響力が増してくると、地価の安い路地裏に店を構えても、検索ユーザーにとっては、同じ銀座だ。そのため、低料金でサービスを提供できる小規模なヘアサロンが急増したのだ。

レストラン予約サービスの普及からも同様の現象が起きている。ある鮨屋の主人は、8年前に念願の独立を果たした。立地は青山であるものの、場所は駅から遠く、フロアも地下1階だ。これまでのビジネスの定石からすると、集客面で不安の残る場所だった。

しかし、「インターネット上の一番通りにすればいい」というアドバイスのもと、相対的に安い土地代を広告費に回し、集客は好調。連日8席のカウンターはお客さんで埋まっている。また、表には「当店は予約のみ」である旨の看板がかけられている。通常の店舗がリアルワールドからの流入を期待しているのとは対照的に、この鮨屋は、すべての集客をネットに寄せているというわけだ。

顧客は、銀座で髪を切り、青山で鮨を食べるというステータスを満喫している。「この場所だと高いに違いない」と思っていたところ、意外に安くサービスを受けられる驚きや感動が得られたわけだ。

リアルチャネルでの付加価値化

一般的に、既存サービスがデジタル技術で実現された場合、複製、量産にかかるコストは限りなくゼロに近づき、著しく価格が下がることがある。デジタル化による価格低減圧力に抗することは難しいとすると、どのような付加価値化の可能性があるのだろうか。

音楽のCD販売は、ミリオンセラーを連発した1990年代後半と比べると低落傾向が続いているが、その中で好調を維持しているのが、公演事業である。音源であれば安価に入手でき、場合によってはリアルタイムに良い音質で聞くことができるにもかかわらず、いまだにライブ会場で一体となって音楽を聞くことへの価値は減じていない。

また、ニコニコ超会議はここ数年ゴールデンウィークに千葉市幕張で開催され、15万人を超える人たちが訪れるという。ネットサービスであるニコニコ動画の世界を現実に拡張することを謳い、日本刀を作る体験や小林幸子の巨大衣装の前で記念写真を撮れる意外性のあるサービスなどが人気だという。

年々規模を拡大するとともに、野球やプロレス、大相撲等のスポーツ団体や、NHK、主要政党など多岐にわたる企業や団体が協力をするようになっている。その各企業・団体とも「体験」を通じて主に若年層へのPRに勤しんでいるのだ。

このように、デジタル体験にリアル体験を組み合わせることにより付加価値化することで、顧客に対してサービス全体としての訴求を強めることができる。デジタル単体で考えるのではなく、顧客が求めているものをリアルと合わせてアプローチしてみるのもよいだろう。

専門家サービスの代替

一般的に、専門性の高いサービスは、その分、価格も高くなる。しかしながら、ＡＩ技術の発達により、その常識は大きく変わろうとしている。これまで高い価格でしか提示できなかったために、サービスを受ける顧客は限定的だった。しかし低価格化することで、応対できる顧客層は拡大する。そこまでの単価を確保するのは難しいが、顧客基盤が拡大することで、売り上げは確保できる。

専門性を構成する一部の要素がデジタル化され、相対的に専門性が下がる。すると、デジタル化された要素のみを安価に入手したい顧客層との接点ができたり、カスタマーリレーションシップの維持コストを低減できたりするのだ。

米国のバンク・オブ・アメリカ（ＢｏＡ）やウェルズ・ファーゴのような海外の金融機関では、数年前から先進的な支店デザインへの取り組みが進められている。支店のハイカウンターを排除し、大半の業務をＡＴＭとそのサポート行員でまかない、高度の専門性を必要とする業務のみをローカウンターで取り扱うように、サービスを分けたのだ。これにより、既存顧客を確保しつつ、行員の数や支店数・床面積を削減し、収益につなげようとしている。

日本のベンチャー企業、お金のデザインは２０１６年に、ＡＩを使ったロボアドバイザーを開始した。数項目の質問に答えるだけで、顧客の志向に合わせたポートフォリオを生成する。それまでは一部の富裕層に限られていた高度な世界分散投資を、少額手数料で実現したわけだ。

サービス開始後1カ月で約2万人が利用登録し、うち1割が実際に資産運用を開始した。その8割以上が資産運用の未経験者だという。ITが顧客の裾野を広げているのである。

2011年に米国のクイズ番組「ジェパディ!」で優勝したIBMのWatsonは、その自然言語処理能力を生かし、様々な業務を人の代わりに担い始めている。例えば大学の講義、弁護士事務所やコールセンターでのアシスタントなどである。されに、料理の創作といった分野でも利用できる可能性もある

現状ではまだ完全な応答ができるわけではなく、人によるサポートが必要だ。しかし、このWatsonという仕組みがクラウドサービス上で無償でも利用できることで、多くの開発者が新たなサービスを開発し、様々な可能性が見いだされていくのは間違いない。

他社との連携による複合サービス

他社、特にネット企業との連携を強化することは、自社の製品やサービス、もしくはカスタマーエクスペリエンスの価値を高める上で重要な要素を占めている。また、WebAPI(アプリケーション・プログラミング・インターフェース)の普及により、連携に要するハードルは大幅に下がっている。

レストランやホテル予約サービスにおける地図表示や、様々なWebサイトにおけるサイト内検索は、古くからあるWebAPIによる連携の賜物である。また、ニュースサイトや動画

共有サイトなどでは、ソーシャルメディアで共有するためのボタンが画面上にないことのほうが珍しい。

例えば、米国のスタートアップ企業ブルースマートのスーツケース「ＢｌｕｅＳｍａｒｔ」は、位置情報のトラッキングによりロストバゲージや盗難を防げる。さらに、ウーバー・テクノロジーズとの連携により、ディレイドバゲージが判明した場合に、ウーバーの運転手が荷物の配送を請け負うサービスを開始している。

また、顧客の用意した写真やデザインを基にオリジナルＴシャツやｉＰｈｏｎｅケースを作成する米国のザズルは、その仕組みをＷｅｂ ＡＰＩとして提供している。エアビーアンドビーは旅の思い出をロゴとしてデザインできるＣｒｅａｔｅ Ａｉｒｂｎｂというサービスで、このＡＰＩを利用し、デザインした後にロゴをあしらったマグカップなどを発注できるようにしている。顧客の旅行価値は倍増すると共に、ソーシャルメディアでその経験を共有されるきっかけにもなるだろう。

隣接領域でのサービス展開

デジタル技術を活用するためにＩＴ企業が提供しているプラットフォームの発達により、デジタル化のコストが大幅に低減している。業際が下がって参入障壁も格段に低くなっている中、デジタル戦略の展開でポイントになるのが、隣接領域への拡大だ。

デジタル技術による恩恵の一つは、製品・サービスの汎用化、多機能化である。最初は競争優位性がある製品・サービスであっても、デジタル技術の発達により簡単に類似したものを出せるようになる。

隣接領域への展開を行っていくことで成功したデジタルディスラプターの代表格がアップルだ。iPhoneは出発点となる携帯電話業界だけで価値を出したわけではない。むしろ、携帯電話としては、稼働時間や操作性、価格などで既存のフィーチャーフォンに劣っていた。ビジネスパーソンを中心に利用されていたブラックベリーのようにキーボードも搭載されていなかった。それゆえ、多くの専門家や競合はiPhoneを通話機能のついたiPod touch程度に考え、現在のような一人勝ちの状況を予想した人は多くはなかった。

ところが、世代を経るたびに新たなセンサーや機能を搭載し、多くの業界を侵略していった。カメラ機能の強化はカメラ業界、ビデオカメラ業界を、GPS（全地球測位システム）やデジタルコンパスはカーナビ業界を侵食していった。

ブラックベリーは、企業が率先して導入を決め社員に使わせてきた。その一方で、iPhoneのユーザーは「こちらのほうが便利だ」と、自らビジネスにiPhoneを使うようになっていった。結果として、企業はiPhoneの利用を認めざるを得ず、やがてブラックベリーの市場そのものを駆逐していく結果となった。

アップルは個人でも比較的容易にアプリケーションを開発し、公開できる仕組みを作り上げた。これにより、ｉＰｈｏｎｅの汎用性は加速度的に増し、当初は必須であると考えられていた物理的なキーボードよりも優れたＵＩ（ユーザーインタフェース）が定着してきた。

現在の製品・サービスの使われ方が定まっていても、ＵＩも含めた新たなユーザーエクスペリエンスに訴求することで、逆転できることを証明して見せた。逆に考えると、業際を越えてやってくる競合に対しては、業界内で築いていた地位が一瞬で崩される可能性がある、ということだ。

資本の大きさが勝敗の行方を左右していた頃と違い、情報やデータが価値を持つデジタルディスラプションの時代においては、資本の大きさは決定的な因子にはならない。

これまでは、市場における勝ちパターンを構築し、そのパターンを大きな資本力を使って繰り返せる大企業が有利な市場であった。だが今後はむしろ、資本を大きくすることで失われがちな機敏性、俊敏性が勝負を決めることも多くなる。

つまり、業界の常識ばかりがまかり通っているような領域については、新しい事業を考える機会があり得る、ということだ。

既存サービスとの関係整理

「付加価値協調型」と呼ぶデジタル活用のアプローチがある。デジタルの活用により、既存の製品やサービスが提供してこなかった新たな価値を付け加え、デジタルサービスと既存のリアルのサービスを共存させるアプローチである。

このアプローチを採用する場合、価値を増やすか変えるかして、既存サービスなどとパイの奪い合いにはならないように注意を払うことが必要である。デジタルサービスを使ってこれまで取り込めていなかった若年層にアプローチするやり方が効果的だ。

もちろん長期的に見れば、デジタルによる既存サービスの置き換えが進行する可能性は否定できない。若年層だけと限定していても、他の顧客セグメントからの要請を拒み続けることは所詮無理だからだ。

日本では、この付加価値協調型の取り組みが多い。勢いのあるスタートアップ企業が変革の中心になっている米国と違い、日本では、既存の大企業が主導権を保ちつつ、既存チャネルや当局の規制に最大限の配慮を効かせながら、ソフトランディングでデジタルディスラプション時代を乗り切ろうとする動きが目立つ。

デジタルディスラプターの代表例として、本書で何度も引き合いに出したウーバー・テクノロジーズは、日本にも2014年に参入を果たしたが、法規制の問題もあり、付加価値協調型で市場を広げようとしている。日本では個人ではなく、ハイヤー会社がウーバーのサービスを担っている。ハイヤーは、エグゼクティブ層の移動手段として活用されており、海外VIPの空港への送迎などに使われることが多い。使われる車両もトヨタ自動車のセンチュリーや、日産自動車のシーマなどハイクラスなものが多くなる。こうした高級車を完全予約制で提供するのである。

つまり日本では、ウーバーはタクシーと競合しているわけではない。エグゼクティブとしてハイヤーを利用している若手起業家のような顧客が、パーソナルシーンで使うケースも多い。配車から決済までをスマートフォンで完結できる手軽さと、ハイヤーの強みである上質さを併せ持つ新しい顧客価値を提供しているわけだ。

それでも、タクシー業界は危機感を持っている。しかしデジタルの時代においては、「顧客は潜在的に何を望むのか、何をされるとうれしいのか」という顧客視点から考えようとせず、新規参入者の妨害しているだけだと、やがてはその妨害を打ち砕いたディスラプターの餌食になってしまうだろう。

一方、「バリューチェーン置き換え型」のアプローチもある。既存市場の創造的破壊をもたらすという点で、付加価値協調型とは性質を異にする。これまで、サービス提供のプロセスなどを、これまでの業界の常識から大きく変えるのである。

「ITによる効率化」といったレベルの話ではない。もちろん、このアプローチでも「そもそも顧客は何を望んでいるのか」を起点に考える。サービス提供側の視点でモノを考えていては全く前に進まない。

さらに、「顧客にサービスを提供する際に、顧客との間に入るのはITだけ」という世界から発想がスタートする。どうしても人手が必要になる場合は止むを得ないが、それ以外には人手は使わない。

人手によるオペレーションを無くす〝ゼロ・オペレーション〟の世界を実現する。それなのに、顧客は満足する。契約の条件確認から履行までをコンピュータが自動的に行う「スマートコントラクト」は、その一つの例である。

既にバーコードを読み取ることで、自動的に損害保険に入れるサービスが米国では始まっている。このサービスでは、販売代理店、申込書を処理するデータ入力センター、契約書を配達する機能などが一切不要になっている。

純粋に既存サービスをデジタル技術で置き換えていくと、サービスを提供する価格は低下することになる。人手がかからないことに加えて、複製、量産にかかるコストは限りなくゼロに近づくためだ。

従来のサービスと何が相違しているのか、についての関係性を整理しなければならない。顧客セグメント、解決しようとしている顧客の課題、それに対するサービス内容を明確に分けるのである。

明確に差異化したとしてもカニバリゼーションが起こり、従来型サービスの売り上げが下がる可能性がある。自社がデジタルによる新サービスを提供すると、自社自身が低価格化を加速していることになり、関係するステークホルダーへの調整や説明が必要である。

本来であれば、従来とは異なる顧客層へのアクセスが望ましい。同じ顧客層に同じ内容のサービスを提供すれば、顧客は安価なほうに流れることになる。これまでの顧客が逃げないような工夫が必要だ。

少しでも価格差を設けたいのであれば、サービス内容について差をつけておくことが必要だ。サービスの違いと価格の違いとを明確にしておかなければ、顧客に対して適切な説明ができない。

2 徹底したCX向上策

デジタル時代のCX

カスタマーエクスペリエンス（CX）を構成する要素の一つは、スマート端末やWebなどのユーザーインタフェース（UI）である。以前から顧客へのタッチポイントとして、UIの重要性は繰り返し説かれてきた。例えば、コンバージョンレートを高めるため、つまりEC（電子商取引）サイトにおいて画面遷移の途中であきらめてしまうユーザーを減らすために、UIはどうあるべきかといった観点の話だ。

だが、これだけでは不十分だ。スマートフォンや自動車などコモディティ化した製品の差別化戦略の一つとして、デザインが語られることがある。その際、単なるデザイン論としてではなく、それを所有し使用する〝顧客の体験〟として論じられる。

例えば、「iPhoneの顧客体験は、手元に届いて箱を開けるところから始まる。上質な体裁をまとったパッケージデザインが、顧客のわくわく感を演出する」といった具合だ。日本の電化製品のように、分厚いマニュアルも入っていない。最初、顧客は「えっ」と驚くのである。

この顧客体験、つまりCXでは、デザインやインタフェースに限らず、製品やサービスを通じて顧客がベネフィットを享受する過程（プロセス）も重要である。デジタル、アナログの両面で、顧客が接する製品やサービスのインタフェースやデザイン全体を、顧客がどう感じ、それを活用してどう行動するのか。そうした観点から捉えるのが、デジタル時代のCXだ。

飲食店や美容院などの予約をする際、それまでは営業時間中に電話をして、予約を入れなければならなかった。店側が忙しい時間帯を避けるなどの配慮を自ずとしていたものだ。それが、Webサイト上で予約ができるようになった結果、いつでも気兼ねなく予約できる店を選んで予約をするようになった。時間的制約だけでなく、心理的な制約からもから解き放たれた。

Web画面で登録した内容は、リアル店舗にも通じている。誕生日や割引クーポン、場合によっては好みまでの情報が店舗に伝わり、相応のサービスを受けることができる。これも、デジタルとリアルの統合による効果である。

顧客が製品やサービスに対して、お金を支払う理由、それは昔も今も変わらない。製品やサービスそのもの自体を欲しくて買うのではなく、それらが持っている効用（ベネフィット）を手に入れたくてお金を支払っている。

音楽市場におけるCDの売り上げ減少が好例である。今までCDを購入していたユーザーの大多数は、ディスクそのものが欲しかったわけではない。自身の好きな時に好きな音楽や流行の音楽を聞きたかったのだ。そのため、ディスクの交換などをせずとも、一つのデバイス上で膨大な量の音楽を聞くことができ、お薦め機能などにより容易に流行を追うことができるデジタルミュージックの普及により、CDを購入する必要がなくなったわけだ。

つまり、デジタル化の進展により、顧客が本質的に必要としているものを提供できるようになったのだ。

顧客が本質的に必要としているものについては、1997年にデビッド・A・アーカーが提唱したベネフィット3分類で整理することができる。この分類は、デジタル時代の成長戦略を検討する上で、引き続き有用である。

機能的ベネフィット　製品やサービスの持つ機能からもたらされる利便性（多機能、軽い、早い、カラフル、美味しい、頑丈、儲かるなど）

情緒的ベネフィット　製品やサービスからもたらされる心地良さ、感情（信頼感、安心感、納得感、高級感、開放感、興奮、感動など）

自己表現ベネフィット　製品やサービスを通じて増幅できるアイデンティティ、社会的ス

テータス（著名人と同じものを持てる、流行の先端である、自慢できる、成長できる、理想に近づける、自分の価値が高まるなど）

訴求ポイントの変化

顧客側はデジタル体験を重ねることで、よりデジタルであることを受け入れる素地・耐性が出来上がる。デジタルなＣＸを通じて得られるベネフィットの種類は、今後ますます多様化する。

先ほどの例だと、Ｗｅｂの予約機能を使うことで、顧客は「気兼ねなく予約ができる」というベネフィットを享受できる。さらに、自分に合ったサービスを受けることも可能になる。他人の口コミ評価を楽しむこともできる。レストランの検索サイトであれば、「自分の評価は違う」「Ａさんがいつも書いているコメントは怪しい」などだ。「食を楽しむ」という本来の目的に加えて、行ったことのないお店に対する想像や期待が膨らむ。

ＬＩＮＥは若年層から普及していき、現在では国内で２２００万人のアクティブユーザーを有するまで成長した。当初は、スタンプなどカジュアルな要素も多分にあるため、当初はビジネス用途で使うことにためらう人たちも多かった。

だが今では、休暇の連絡などをＬＩＮＥで行う例もある。年配層には受け入れがたく、その是非をネット上で議論されていることも見かける。だが事実として、ＬＩＮＥというテクノロジーツールに対する許容範囲は間違いなく広がっている。

ＬＩＮＥの一メッセージで発する文字数は、同じメッセージツールである電子メールと比較しても、はるかに少ない。メールであれば、「お疲れ様です」からスタートするのが一般的だ。だがＬＩＮＥでは、「今日は体調不良のため、お休みします。よろしくお願いします。」だけで済んでしまう。ＬＩＮＥユーザーは、「休暇の連絡に手間がかからない」というベネフィットを得ているわけだ。

当初は、仲間内の連絡手段だったものが、仕事の中での公的な連絡手段に変わっていく。しかも、かなり効率的だ。電話での連絡が、電子メールに進化し、さらにソーシャルメディアという新しい連絡手段に発展してきている。

デジタル化に伴い、既存製品やサービスが顧客に与えてきたベネフィットが、デジタル化を通じて、高度化したり、他のベネフィットが付与されたりするのである。

フィットネスクラブの業態は、アクセスの良い場所に施設を作り、トレッドミルなどのフィットネスマシンを搬入し、スタジオを作り、インストラクターを雇い、シャワーやジャグジーを用意することで、健康になる、もしくは理想の体づくりを実現するというＣＸを提供している。この基本的なスタイルは、数十年にわたり変わっていない。

こうした一見、デジタルとは無関係と思えるサービスであっても、年を追うごとにデジタル活用により新しいＣＸが可能になっている。

それにより業績を伸ばしたのがライザップだ。ＣＸはトレーニング機器の利用ではなく、「痩せて魅力的になること」と定義した。食事制限にデジタルツールを活用した。プールやスタジオなど、従来型のフィットネスクラブが支払っていた重い固定費は持たない。その分をＣＭに充てて、Ｗｅｂの口コミも利用して集客した。

ＮＩＫＥも先進的なデジタル活用で注目を浴びる企業だ。シューズに仕込んだセンサーとｉＰｏｄとを同期させることで運動履歴の管理を可能とした「ＮＩＫＥ＋」というサービスでは、「いつでも、どこでも、あなたのパーソナルトレーナー」とのキャッチフレーズがランディングページに大きく映し出される。

「健康になる」「美容に効果的」という顧客満足を得る手段としては、従来ならフィットネスクラブの独断場だったが、今やスポーツ用品メーカーが競合するようになった。これまでは、衣服や靴といった製品販売をしてきたメーカーが、新たなＣＸを訴求できるようになったわけだ。

流通業界がネットスーパーを立ち上げ、精力的に拡販を目指している。だが、期待しているほどの売り上げにつながっていないケースも多い。要因は、クレジットカード登録が手間だったり、注文から配達までに時間がかかったり、様々だ。

スーパーマーケットでの買い物体験は、五感が刺激される。店舗では、顧客の五感に働きかけ、あの手この手で売る方法を考えている。多くの店舗は最初に野菜や果物を置き、季節の変化を感じてもらう。彩り鮮やかな色で、店内を明るく見せることもできる。みかんが赤いネットに入っていたり、青菜を束ねるタグが濃い紫色をしていたりするのも、食材をより鮮やかに見せる工夫だ。また、肉コーナーの什器の蛍光灯は赤みがかっていたり、魚コーナーの什器の蛍光灯は逆に青みがかっていたりすることで、よりおいしく見せるような工夫がされている。

ＰＣやスマートフォンの画面では、リアルの店舗と同じような興奮を演出するのは難しい。そのためのレイアウトや導線を作るのが簡単ではないからだ。画面遷移を固定してしまうと、ユーザーにストレスを与えてしまう。

すなわち、リアルの店舗で顧客に与えているＣＸを、ネットスーパーで提供することができないとすると、価格や利便性などの機能的ベネフィットの世界の勝負にならざるを得ない。

ネットでの買い物のベネフィットの一つは、わざわざ出かけなくてもよいところにある。自分自身に時間の制約を持たずに済む。それを考慮すると、ネットスーパーが貧弱なデリバリー網を使い、時間もかかり配送料金も徴収するような今の形態では不十分であることには気づく。

顧客が在宅している時間帯に配達できるシステムを構築することで、リアルとの融合は可能となる。顧客が気にするのは、野菜や肉・魚の鮮度である。これをきちんと確保できていれば、「なるほど」と顧客は納得する。しかも、その配達方法がきちんと整っていることが重要だ。

既存製品やサービスが提供するベネフィットに、デジタルによるＣＸを加えることによって、ベネフィットがどのように変化するのかをつかんでおくことも重要だ。デジタル化により、訴求すべきベネフィットは変わっていく可能性があるからだ。

3 リアルチャネルとの融合

企業と消費者間の情報非対称性の解消

どんなビジネスを行うにしても、すべての関係者が同じ情報を持っているわけではない。例えばサービス提供企業とサービスを受ける消費者の間には、「情報の非対称性」が存在する。どちらか一方に情報が偏在しているのだ。

デジタル技術の進展により、こういった情報の非対称性が突き崩されつつある。顧客の取った行動はデジタル技術によって記録され、サービス提供側の企業へ送られる。サービス提供側の情報は、企業側の情報開示だけでなく、消費者の口コミにより丸裸となる。

自動車保険を例にとってみると、これまでは情報の非対称性が存在していた。ドライバーである消費者の行動は保険会社側には分からず、申し込み時点で消費者が自己申告することで料金計算がなされていた。

年齢や性別などは身分証明書で認識されるが、走行距離や車を何に使っているか、などは分からない。損害保険会社は走行距離に応じた料金設定をしているにもかかわらず、本当のことはこれまで分からなかったのだ。

最近。米国のメトロマイルのようなＩＴ企業が登場し、ＩｏＴ（モノのインターネット）機器を利用して走行距離を確実に把握できるようになった。日本の損害保険会社も同様のサービスを開始した。こうしたデジタルによる取り組みで、情報の非対称性は解消され、正確に保険料金の計算を行うことが可能となる。

自動車保険の例は少し特殊で、一般には消費者のほうが十分な情報を与えられていないケースが多い。中古車の売買はその一つである。売り手は商品の問題や欠陥を詳細に把握していても、消費者にそのすべてを開示しているとは限らない。

同じ車種であっても、部品の消耗状況やこれまでのドライバーの運転特性などによって、価格設定も大きく変わる可能性がある。そこで、オークションサイトでは参加者の評価が重要視され、過去に欠陥の非開示や不合理な取引をした参加者は忌諱される。

オークションサイトでは情報の非対称性を解消し、商品を高く売るコツとして、写真を活用した欠陥の開示や説明を行うことが推奨されている。そのような説明を行うことで、結果的に買い手が実態以上の欠陥を想定することを防いでいる。

ライドシェアのウーバーでも評価システムが採用されている。利用者がタクシー運転手を評価する、というのがこれまでの一般的な考え方だ。だが、運転手も利用者を評価する。評価の低い利用者には、タクシー側から「お断り」となるのだ。

レストラン評価のサイトで、こんな経験をした読者も多いのではないだろうか。例えば評価の点が高いからといって、そのレストランが自分に合わない場合がある。逆も真である。どのような人が評価をしているのかが重要なのである。

評価サイトの充実に従って、製品やサービスの比較を簡単に行えるようにはなった。消費者は機能や価格など提供側の情報は簡単に手に入るようになってきた。これからは、自分自身の嗜好などにマッチした評価情報を、消費者はますます容易に収集できるようになる。

チャネル間の非対称性の解消

顧客はサービスをデジタル空間でも受けられるし、リアルのチャネルでも受けることができる。通常は、デジタル空間で情報を収集し、その情報を基にリアルチャネルでサービスを受けたり、製品を購入したりする。あるいは、リアルの店舗などでの製品購入やサービスに対して、自分からデジタル空間に情報発信する。快適な経験や不愉快な出来事があると、同じ経験をした人がいないか、デジタル空間に探しに行く。検証のプロセスである。

デジタル空間で得た情報と、リアルチャネルで経験した内容とに大きな相違がある場合、「あれ？」と違和感を抱くことになる。これまでだと、リアルチャネルで顧客の経験はじわじわと口コミで広がった。だが、デジタル空間での拡散速度は言うまでもなく、一瞬である。そこに動画が掲載されていれば、大変なことになる可能性がある。

従って企業は、リアルチャネルで提供しているサービス内容と、デジタル空間で流れている情報の間において、顧客が違和感を持たないかと常に確認しておかなければならない。特に製品やサービスで起きた最近の不具合、輸送サービスならば遅延の状況と原因、回復の見込みなどはリアルチャネルで共有することが必須だ。

「どのような情報を流してよいのか」「情報を発信するプロセスや経路はどのようになっているのか」といった手続きを決めて、リアルチャネルの最前線で顧客とのタッチポイントを担う従業員に周知させなければならない。

「流せない情報は何か」についての取り決めも必要だ。情報開示は必要なことだが、一部の顧客に話すことで不利益を与える可能性があるものは、タイミングを見て慎重に情報開示することが必要だ。

デジタル空間では共有されているのに、仮に自分たちは知らない情報があった場合、どのように対応するのかについても取り決めておかねばならない。デジタル空間で流れている情報に対して一つひとつ確認し、応答すべき情報と放置する情報とは峻別する。根も葉もない情報や、会社が流していない情報などに対応するわけにはいかない。

企業の危機管理は進んでおり、デジタル空間における情報収集や発信に関する統制は進んでいる。それでもなお、従業員による倫理性に欠けるソーシャルメディアへの投稿は後を絶たない。デジタル時代には、従業員に対する倫理教育の重要性も増す。

どのような情報に対応すべきかといった教育がなされていないと、顧客だけでなく、従業員も戸惑う。「こんな情報を知らせないなんて」という気持ちになり、勤め先企業に対するロイヤリティが下がることになりかねない。

タッチポイントごとの整合性

顧客が製品・サービスの提供先のどこにアクセスするかは、企業側からは分からない。テレビや新聞の広告にはじまり、Ｗｅｂの画面、リアルの販売店、コールセンターなどと様々だ。デジタル空間にしても、検索エンジンやソーシャルメディア、動画共有サイトなどがあり、販売網も自社のネットショップをはじめ、Ａｍａｚｏｎ、楽天のようなＥＣ（電子商取引）サイトがある。こうしたすべてのタッチポイントで、顧客に与える印象を統一しておく必要がある。

企業内に複数の製品・サービス部門が存在する場合、それぞれの部門は自分たちの製品・サービスに特化して、顧客の経験、つまりカスタマーエクスペリエンス（ＣＸ）の統一を目指す。しかし、顧客が他の部門の製品・サービスを購入することは当然あり得る。メッセージやイメージが部門間で整合していない場合には、違和感を持たれることになる。

企業としてどのようなメッセージを届けたいのかを、全社的にしっかりと考える必要があるわけだ。そして、どのような消費者がどのようにタッチポイントを使うのか、タッチポイントごとに受け取るメッセージに違いはないかを検証しなければならない。

このため、部門横串でCXの統一を監修する機能が必要となる。各部門は自分たちの製品・サービスについての収益責任を負っているため、横串部門から余計な口を挟まれたくないはずだ。従って、こういったガバナンス機能を強化するためには、トップダウンでのアプローチが必要となる。

4 デザイン思考

CXを創造するデザイン

顧客は、次々と生み出されてくる新しい製品・サービスを常に利用しており、そうした新しい体験に慣れてきている。企業は、そうした顧客の欲求に応えるためには、新しいコンセプトを創造していかなければならない。他社が出してきた製品・サービスに追随するだけでは、顧客からの評価を得ることは難しく、大きな収益を生み出せなくなってきた。

iPhoneを真似て製造することは簡単である。「単純な技術だ」「すぐにできる」と思う日本の技術者は多い。あるいは「工夫があるのは、ユーザーインタフェースだろう。あんなものは昔からあった」との声も聞く。しかし、iPhoneの本質は技術ではない。iPhoneを使う顧客が得られる体験、つまりカスタマーエクスペリエンス（CX）なのである。このCXが他と圧倒的に違う。

イスラム教徒向けに方角を示す機能を付けたことは有名だ。決まった時間に、決まった方角を向いてお祈りをする宗教徒に向けた機能である。言われてみてれば、当たり前に必要な機能だと思われる。だが、顧客ニーズを観察して機能として提供した点が高く評価できる。

顧客の立場になり、いかに新しい体験をさせることができるのかという視点が重要だ。顧客に「楽しい」「快適だ」という思いをさせる。見た目だけであれば、簡単に真似することができる。だが、新しいCXを与えて感動を引き出すデザインは、簡単に真似できない。

ここでいうデザインとは、スマートフォン画面の操作性などのユーザーインタフェースのことではない。顧客に対する一連のサービスのことだ。場合によっては、ビジネスモデルそのものである。一連のサービスによって、顧客のCXに訴求する。そして、こうしたアプローチを「デザイン思考」と呼ぶ。

製品・サービスの企画担当者が、「自分だったら必要ない」といった自身の経験だけに依存して考えることは危険である。まして、滅多に使うことがない上司や役員の意見を優先することは愚かなことだ。

事業戦略を立てる際には、仮説検証型のアプローチが行われる。どこに問題点や課題があるのか、どんなニーズがありそうか、過去事例や現在の状況から情報収集を行い、分析した結果から仮説を立案し、事業化を図るというプロセスである。

しかし、仮説検証型アプローチは、問題点や課題が存在していることを前提にしている。新しいCXを追求するにあたっては、既に存在する課題をベースにすることはできない。これまでのアプローチがそのまま使えるわけではないのである。顧客が今は気づいていなくても、潜在ニーズを顕在化させることが要求される。


フィーチャーフォン全盛の時代に、10キーに対する問題点を顧客からどれだけ聞けたであろうか。iPhoneとともに、斬新なタッチパネルのデザインが登場したが、それでも当初は10キーの方が使いやすいとの声が多かった。今ではスマートフォンユーザーは当たり前にタッチパネルを使いこなし、10キーでは実現できなかったような活用法も生まれた。その当時に収集した顧客の声は、当てにならなかったのである。

こうした過ちを繰り返さないためには、顧客に感動を生むようなCXを最初に考え出さなければならない。その上で実際に使ってもらい、顧客がCXで「感じたこと」を収集する。機能や品質を高めるのではなく、顧客のCXに照準を合わせる。改善を繰り返していくアプローチが重要だ。デザイン思考に基づいた、そのプロセスをもう少し詳細に説明したい。

共感（Empathize）

まず顧客行動を分析し、何に関心があるのかを観察して理解する。作り手の立場で「便利」と思うものであっても、顧客からは受け入れられない。デジタル時代においては、「便利」ではなく「面白い」「楽しい」がキーワードになる。

企業側から与えられた多くの機能の中から選択して使うよりも、自分自身で創り出すことのほうが、人間の好奇心を充足させる。反対に、自分で創り出すのは面倒な人もいる。最低限の機能で満足する人にとって、多くの機能は必要ない。まったく邪魔なだけだ。

「自分自身で作りたい」と考えている人に、最初から多くの機能を提供しても満足しない。機能が必要なのではなく、「自分で作り出す体験」が必要なのだ。こういった顧客層には、最低限の機能と、機能追加ができるプラットフォームを与えるほうが効果的だ。

昔からあるプラモデルやレゴブロックは、こういった欲求を充足するものだ。Facebookへの投稿、LINEのスタンプ、YouTubeでの動画投稿は、いずれも自分自身が「何かを作り上げる」喜びを満足させるものである。そして他人と共有化し、共感を得ることができる。

アナログの世界であれば、実現するのに時間やコストがかかった。だが、デジタルの世界においては、一瞬にしてかなりのことを実現することができる。動画の中には手の込んだものもあるが、比較的簡単に実現できる。

しかも、大勢の人間とその楽しさを共有することができる。マーケティングの教科書であれば、多く存在する顧客セグメントを狙い撃ちにすることが典型的な戦略であった。しかし、顧客は局所的ではなくグローバルに存在している。「ロングテール」と言われる20％の顧客層を狙っても、かなりの数の顧客を獲得できる。存在する確率は低くても、母集団が膨大なのである。そうした顧客からすると、これまでは少数派だと思っていたのに、実は同じような思いを持つ人が世界中に存在しているわけだ。

こうした世界をどのように実現していくのかが重要なのである。B2C（企業対消費者）では、この自分が作り上げる感覚が重要と言える。企業側は、個人が楽しめるインフラを提供するのであって、具体的な製品・サービスを提供するのではない。

定年を迎えた富裕層が、資産運用に目覚めるケースも多いという。これまで仕事一本やりだったが、急に時間ができた。まとまった資金が手元にあるので、自分で資金を運用してみたいと思うそうだ。そういう人は、投資信託のようなプロのファンドマネジャーが運用する金融商品を購入するのではなく、投資先企業を自分で選定し投資するという。

これは、投資ポートフォリオを自分で作り上げるということに他ならない。どの金融機関も、富裕層顧客の取り込みに熱心ではある。だが、中高年で資産運用を自分で行いたいという顧客層に、どのくらいサービス基盤を提供できているのであろうか。

中高年といえども、インターネット証券を使うケースが多い。だが、銘柄の選定には相応の時間がかかる。やってみたいと思って勉強を始めるが、上場企業数を見て呆然とする。かといって、証券会社に聞くと、セールスを受けて面倒だ。ここにロボットアドバイザーを活用する余地がある。こうした「自分自身で作りたい」顧客層のニーズに、企業はどれだけ共感できているだろうか。

顧客の共感を得た好例として、ダイソンが挙げられる。ダイソンは「吸引力の変わらない、ただひとつの掃除機」で大幅にシェアを拡大した。他のメーカーの掃除機がゴミ袋を必要とし、その取り替えが面倒であったのに対し、サイクロン式で紙パックのいらないタイプとして差別化した。

さらに売れた理由は、斬新なキャッチコピーとオシャレな家電というイメージが先行したからであった。「優れた吸引力」といった機能を前面に出した宣伝ではなく、「部屋の空気よりもきれいな空気を排出します」というキャッチコピーが消費者の心をとらえたのである。

普段掃除機を使っている主婦たちは、このコピーに共感した。普段の掃除機は、嫌な臭いのする空気を排出する。「掃除機なのだから、それが当たり前だろう」と考えていた常識にチャレンジし、それが功を奏した。ダイソンの見た目に対するこだわりは強く、今では掃除機以外にも空調家電やヘアードライヤーなど高いデザイン性を発揮している。いずれも、顧客からの共感を得るデザインなのだ。

アナログの世界では、主婦ネットワークは限定的だった。雑誌やテレビなどマスメディアを利用した紹介が関の山であった。しかし、同じように困ったことを共有できるコミュニティがデジタル空間で力を持つようになってきた。そして「家電なら日本のメーカー」という常識を覆した。

CXに基づき、製品・サービスのどこに共感してもらえるのかを定める。顧客は何があると「面白い」と共感してくれるのだろうか。顧客の立場で体験し、より新たな気付きを得る活動を継続して行わなければならない。

問題定義（Define）

共感を得るのは、顕在化しているものだけではない。常識の中にある潜在的な課題に気付かなければならない。顧客が気付いていない本質的な課題や目的を絞り込み、目指すべき方向性やコンセプトを定義する。

こうした正しい問題定義こそが、正しい解決策を生み出す。顧客ニーズの潜在的な部分を押さえることによって、目先の解決策ではなく、根底にあるところに対しての解決策を掘り起こし、最も正しいソリューションを作ることができる。「ドリルを買う人は、ドリルが欲しくて買うのではない。穴を開けたいのだ」という有名な例え話にもある。穴を開けるという解決策につなげられるような問題定義を行っていくことが求められる。

この製品・サービスは何をするためのものなのか、という原点に戻り、顧客が期待する経験とは何かを考えることだ。機能や性能は必要だろう。顧客は潜在的に何に困っているのだろうか。最初は「あれ？」と思うようなことでも、普段の生活の中にまぎれて「こんなものだ」と思い込んでいないだろうか。

製品・サービスの提供側としては必要だと考えているが、顧客側からすると必要のないものはないだろうか。少しの工夫により、顧客の期待を超えて「そこまで考えているのか」と感動してくれるものは何なのだろうか。

創造（Ｉｄｅａｔｅ）

問題を解決するためのアイデアを、できる限り多く洗い出すためのブレインストーミングを行う。正しいアイデアを見つけるためではなく、可能性を最大限に広げるために行うものと捉えたほうがよい。洗い出された数多くのアイデアを評価し、顧客の意見を聞きながら、筋の良いものを2点ほど選定することを目指す。

まず初期アイデアは有識者やチームのブレストによって考え、できれば１００～１５０個ほど出してみる。出てきたアイデアを、先に述べた「問題定義」で明らかにした課題と照らし合わせ、課題解決に効果が見込めるものを選定する。おそらく半分程度のアイデアに絞られるであろう。

やってみれば分かるが、最初のアイデア出しには相応な労力を伴う。同じようなタイプの人間が会議室の中で議論していても成果は少ない。様々なバックグラウンドを持つ人間との討議が必要だ。どんなアイデアでも「そんなのはあり得ない」と最初から切り捨てないことだ。最初は未熟で役に立たないと思われたアイデアでも、いろいろな人たちの意見を基に深めていくことで、具体的なコンセプトが出てくることもある。

アイデア出しを行うメンバーが、他人の意見に耳を傾ける柔軟性を持っておかなければならない。一つのヒントからビジネスアイデアにまで持ち込むビジネスセンスも重要だ。一人がすべてを担当する必要はない。違う視点を持つ人間を集めるべきなのだ。

煮詰まったときには、別の視点からアイデアを投げかけてくれるアドバイザーも必要だ。普段から様々な人と会い、意見交換をしている有識者が望ましい。社内でもよいだろうが、社外にそうしたネットワークを持っているとさらに心強い。社内常識にとらわれない、新しい発想をもたらしてくれるからだ。

まったく分野の異なる人たちと議論するのは簡単ではない。言葉の定義を合わせるところからスタートしなければならない。何度も聞き直して、ようやく何の話をしているのかが分かる。それでも、しっかり話を聞くことができる柔軟性が重要なのだ。

そこからさらに社内や顧客へインタビューを行い、有望と思われるアイデアを絞り込んでいく。この時点でさらに半分の30個程度になるとよい。このインタビューには注意が必要だ。過去に成功しているアイデアの中には「周囲は反対した」ものも少なくない。ソニーのウォークマンが代表例だろう。

単純に「この機能は必要でしょうか」と聞いても、YesかNoの回答しか得られない。聞かれるほうも、それほど真剣には考えていない。「必要だ」と答えても、実際に購入してくれるとは限らない。「要らない」と回答しても、CXを説明すると「なるほど」と思ってもらえることもある。「それだったら、別のこんな使い方があるのでは」と新しいアイデアをもらえることもある。

ここまでで絞り込まれた有望アイデアについて、ROI（投資対効果）や自社事業との親和性などの観点で評価を行い、新事業の候補として2～3個を選定するとよい。もちろん、実現できそうなものがあれば、数は多くても構わない。だが、実際にビジネスモデルを考えるにあたっては、優先順位を付けておくべきだ。

プロトタイプ（Prototype）

選定したアイデアに対して、本当に有効かどうかを検証することが必要だ。いきなり製品化はできない。このためにプロトタイプを作る。プロトタイプを作成する目的は、選定したアイデアが顧客の問題解決に至るのかを、実物に近いモノで試すことである。

新たな製品・サービスを開発する際にプロトタイプを作ることは、これまでも行われてきた。

ただし、物理的な性能が限定的であったり、モックアップであっても作成するのに並々ならぬ時間と労力が必要となったりしていた。

これまでは、作成したプロトタイプを公開し、フィードバックを得ることも簡単ではなかった。製品化や量産化までの間に、競合他社に模倣した製品を公開される恐れもあった。製品化できる状態まで到達したプロトタイプだけを顧客に公開したが、フィードバックが望ましいものでなかった場合には、製品化が頓挫してしまうリスクもあった。

デジタルの世界ではプロトタイプを簡単に構築することができるようになり、考え方が大きく変化する。主要な機能のみが実装されたプロトタイプや、画面の変遷のみが分かるモックアップが容易に作成できる。有望な顧客層から評価を得ることに割く時間や労力は少なくなった。

ITベンダーのビジネスの発展による恩恵も大きい。クラウド環境を使えば、大規模なシステム投資を行う必要はない。VR（仮想現実）機能を使えば、バーチャルな世界を実現できる。ディズニーが既にアトラクションで利用している手法だ。

フィードバックの収集や分析も容易になり、その結果を逐次取り込むことで製品の完成度を高めることができる。B2Cビジネスにおいては、アルファ／ベータ版や、デベロッパー版を公開する。顧客の中で「イノベーター」や「アーリーアダプター」と呼ばれる、新しいモノが好きなセグメントを早期に取り込むのだ。これにより、先行者利益とも言える顧客の囲い込みをしやすい状況を作り上げられる。

「行けそうだ」との感触があっても、思いもよらないところで壁にぶつかることもある。プロトタイプのうちに解決しておかなければならない。逆に、プロトタイプを使う中から、新しいアイデアが出されることもある。アイデアを実現化してβ版としてサービスを実施しているうちに、その限界や改善点が見えてくることがある。別の新しいアイデアを思い付くことがあるかもしれない。

新しいアイデアが生まれたら、すぐに実現して試してみる。企画の段階では良いアイデアと思っても、実物を見ると違和感を持つこともある。早い段階で、そのあたりを見極めておくことが求められる。

米国のペイパルは、もともと携帯端末におけるセキュリティ機能を開発していた。この暗号技術を利用して送金機能をＷｅｂ上のプロトタイプとして実装した。その後、ＥＣ（電子商取引）サイトのイーベイの利用者がこのプロトタイプを使いたがっていることに気付き、イーベイ向けの送金サービスを正式に立ち上げることになった。

あくまでも携帯端末のセキュリティ機能にこだわっていたならば、今のペイパルは無かっただろう。偶然かもしれないが、セキュリティ機能をデモするために送金サービスを選択し、それをＷｅｂ版のデモ機能として実現化し、外部に公開したために、自分たちだけでは想像できなかったような顧客の使い方に出会うことができた。

検証（Test）

プロトタイプを顧客に使ってもらい、フィードバックを得る。選定したアイデアの当初の目的が達成できているか、想定している機能が有効に働いているかといった点を、顧客の反応を基に確認し、アイデアのブラッシュアップにつなげていく。

検証は、アイデアをより良く実現する解決策と、顧客の真のニーズについて学ぶための機会である。ビジネスをスタートした時に、実際に顧客となるターゲット層で検証しなければ意味がない。年齢や性別だけでなく、できるだけ具体的な趣味嗜好まで分類し、より精緻化されたペルソナ像を設定するようにしたい。

検証の結果、ビジネスとして成功する見込みが薄いと判断される場合には、プロジェクトを終了するという判断も大変重要である。企業によっては、予算と人と時間を投資してきたという経緯から、途中で止めにくいという風土があるかもしれない。組織内での責任論に陥ることも大いにあり得る。

だが、継続しても大きな利益は期待できない、あるいは大赤字になるリスクがあるのであれば、きっぱり諦めるべきだ。一連のプロセスで学んだことを理解し、思い切った選択をすることとも時には必要となる。以上のプロセスを繰り返すことで、新規ビジネスの素案として固めていくのだ。

検証で重要なのは、顧客の受け止め方である。ＣＸにどの程度寄与したのか。デジタル化が進むなかで、新たなイノベーションを創造するための戦略とは「顧客と歩む旅」である。それは、ただ寄り添うだけではなく、半歩先を先行するイメージだ。プロトタイプを活用してＣＸを先行し、その時にあった顧客ニーズをひも解いて、どの企業よりも先んじて製品・サービスを提供していくという流れである。

米国の大手銀行のウェルズ・ファーゴは、リテールバンクとしては最先端と言われる。オンラインバンキング、ＡＴＭをはじめ、店舗デザインに至るまで、次々にＩＴを使った新しいコンセプトを打ち出している。ＩＴを活用するために、自行の顧客にデザインを考えてもらうような取り組みも行っている。

担当者が斬新な画面設計を行うことは簡単ではない。画面設計のやり方は決まっているだろうし、事業部門のチェックをパスするのも難しいだろう。それゆえに、普段から自社のサービスを利用している顧客に、欲しいと思う機能を聞くのが有効な手段である。顧客は他のサービスも利用しており、顧客ならではの視点でサービスの比較をしていることがある。社内では思い付かないアイデアを持っている可能性もある。

新規ビジネスの素早い展開（リーンスタートアップ）

デザイン思考で新規ビジネスの素案が固まった後は、リーンスタートアップのプロセスを用いる。リーンスタートアップとは、スタートアップの成功確率を高めるための理論であり、まずは最小限の機能に絞って、時間と労力をかけず素早く開発し、顧客からのフィードバックを受けて改善を繰り返していく。

リーンスタートアップは、スタートアップ企業が素早く顧客をつかむための考え方でもある。新たなビジネスを始めても、顧客のいない期間が長引くと無駄なコストが発生する。サービス開発が顧客ニーズに合わない方向に進んでしまうのも、大きなリスクとなる。

新規ビジネスを開発する時点では、必ずしも顧客ニーズの核心をついているわけではない。iＰｈｏｎｅの登場時にタッチパネルの利便性が伝わりきらなかったように、顧客自身ですら気付いていないこともある。初期バージョンでもよいので、早い段階で顧客を捉えておくことが求められる。

実際に使った顧客からフィードバックを得て、機能を改善しながら進めることができれば、顧客が感動するＣＸを提供し続けるサービスが可能になる。サービス開始後における改善の手間を惜しんではならない。ＣＸを満たされた顧客は、次なるＣＸを求める。改善のサイクルをいかに早く回せるかが成否を分ける。

リーンスタートアップの進め方について簡単に整理しておく。

1．構築（build）

その製品が市場で受け入れられるか定かでない状態で、完璧な製品に仕上げるのはコストの無駄になる可能性が高い。まずはとにかく動くものを作ってアーリーアダプターに使ってもらう。MVP（Minimum、Viable、Product）、つまり「最低限の機能で製品を作り、まずは人々に使ってもらう」ことが重要。いきなりマスマーケットの多様なニーズに対応するのではなく、アーリーアダプターを意識して素早く製品を提供する。

2．計測（measure）

いったん「構築」してビジネスをスタートさせた後は、この計測が非常に重要となる。まずアーリーアダプターに使ってもらった状態で、顧客にとって真に魅力的な製品とするための課題が解決できているか、デザイン思考で検討された仮説が妥当であったかを明らかにしていく。魅力的な製品にしていくために、多くの機能を付与してしまいがちだが、それはリーンスタートアップのコンセプトに反する労力がかかる行為となる。このフェーズで重要となるのは、「何をやるべきか」と言うよりも「何をやらざるべきか」を特定することになるだろう。企業側にとっても顧客側にとっても、シンプルで分かりやすいという条件から逸脱せぬよう進める。

3. 学習（learn）

計測で得たデータから、改善点を検討し、このまま開発を続けるべきか、事業の方向性を大幅に見直すべきかを見極め、顧客に受け入れられるものにしていく。当初の仮説に対して有効な検証結果が得られたのであれば、有効な学習が果たせたということで、MVPを次のサイクルに進めることができる。一方、検証が上手くいかなかった場合は、大幅な方針転換を行うことになる。ともすればデザイン思考からやり直す場合もあるだろう。

以上の三つのプロセスを短期間で反復的に繰り返し、何度もMVPを改良することで、顧客のニーズに応える製品・サービスへと進化させていく。その結果、市場で評価され、人々に支持されるイノベーティブな製品を開発することができるというのが、リーンスタートアップのコンセプトである。

リーンスタートアップを成功させる重要ポイントとして2点挙げられる。まず1点目は、新たな製品やサービスは、顧客にとってすぐに理解できるシンプルなものであるべきということだ。新規ビジネスが失敗する理由の多くは、機能・サービスが多すぎて何が良いのか分からないという点にある。世の中にアピールするポイントは単純明快なほうが良く、アーリーアダプターに受け入れられる最低限の機能を、素早く作り上げることに注力するとよい。

2点目は、MVPを正式なビジネスのスタートとするのではなく、改善点を学ぶための機会と捉えるべきということだ。デザイン思考で行う検証と、リーンスタートアップで進める実際のビジネスとの垣根をなるべく無くすことが重要となる。

5 デジタルマーケティング

デジタル戦略の実行に当たり、重要となるのがデジタルマーケティングの徹底活用だ。いくら素晴らしいデジタル戦略を打ち出しても、消費者に認知され、興味を持ってもらわなければ、スタート地点にも立てない。デジタル空間での適切なタッチポイントで、魅力あるコンテンツを、タイミング良く、コミュニケーションし、デジタル戦略に基づく製品・サービスを経験してもらう。

博報堂ＤＹメディアパートナーズの２０１５年の調査では、メディア接触時間のうちデジタル機器が占める割合は、東京地区では過去５年間で30％から44％に増加している。メディア接触の半分近い時間が、デジタル空間で行われている。依然として40％の接触時間をテレビが占め、いまだに大きな影響力を維持しているが、デジタルマーケティングを活用しきれなければ、消費者の時間の半分に対するチャンスを捨てていることになる。

デジタルマーケティングは、デジタル空間でオーディエンスを惹きつける「プル」アプローチ、見込み顧客の反応に応じて有望顧客を選別していく「プッシュ」アプローチ、さらに対象の見込み顧客を拡張し、潜在ニーズに先回りする「拡張プッシュ」アプローチへと進化している。

消費者を惹きつける「プル」アプローチでは、デジタル空間のコンテンツを高度化することで、オーディエンスの注目を惹きつけ、サイト内に引き留めて回遊をさせることが必要だ。コンテンツの高度化では、コーポレートWebサイト単体だけではなく、他のデジタルメディアの組み合わせも重要になってきている。

自社で保有するWebサイトなどの「オウンドメディア」だけではなく、対価を支払って情報発信する「ペイドメディア」、ソーシャルメディアなど顧客が自発的に情報発信する「アーンドメディア」との融合を図る、いわゆる「トリプルメディア」の取り組みが必要だ。

例えば、アーンドメディア上のオウンドメディアである、Facebook上での企業ページ、オウンドメディアとアーンドメディアを融合し、あえて自社名・商品名を全面に出さずにブログなどでの情報提供をするマイクロサイトも増えている。

タイやインドネシアの東南アジアの新興国では、他の有力なデジタルメディアが育つ前に、Facebookが浸透した。Facebook上でのトランザクションが圧倒的なため、そのトランザクションを活用したデジタルマーケティングが主流だ。

「we are social」という英国のソーシャルメディアエージェンシーによると、インドネシア、フィリピン、タイ、ベトナムでは、日本よりもＦａｃｅｂｏｏｋユーザーが多い。タイでは３８００万人がＦａｃｅｂｏｏｋのユーザーになっており、全人口の55％まで浸透している。一方で、日本では２４００万人がユーザーで、全人口の19％への浸透である。

デジタルメディアを集めたデジタル広告ネットワークで、わざわざ広告主とオーディエンスをマッチングしなくても、Ｆａｃｅｂｏｏｋ内で全人口の半分以上にリーチできるのであれば十分だ。日本でもさらなる高度化に向けて、このトレンドを見極める必要がある。変化はチャンスであり、メディアプラットフォーム変化を捉えて、これからデジタルマーケティングに取り組む企業であっても、さらなる高度化で先行できる余地があるのだ。

興味喚起・選別の「限定プッシュ」アプローチでは、既存顧客や会員に対してメール配信やプッシュ通知をして、相手の反応を探る。開封したか、リンク先のＵＲＬをクリックしたか、という行動から、見込み顧客がいま何に興味・関心を持っているのか推定するのである。

鮮度の高い行動データを使い、それを共通指標としてのスコアに落とし込み、スコアの高い有望な顧客を選別することが必要だ。エロクアのようなマーケティングオートメーション（ＭＡ）のツールでは、セグメント、コミュニケーションシナリオ、スコアリングの設定をしておけば、マーケティングプロセスを驚くほど簡単に実行できる。

事前設定に沿って、ツールが見込み顧客に対して、メール配信、行動データ蓄積、スコアリングを自動的に実行・管理してくれる。ダッシュボードでは、一人ひとりの見込み顧客の共通スコアを示してくれるので、スコアに応じて、引き続きメールを送り続けるのか、コールセンターから電話をするのか、営業が訪問するのか、次のアクションを決めることができる。

潜在顧客深掘りの「拡張プッシュ」アプローチでは、自社データだけでは捕捉しきれないオーディエンスに、外部データを活用してプッシュアプローチする。自社でリーチできないオーディエンスにアプローチするためには、外部のオーディエンスデータを収集・蓄積しているパブリックＤＭＰ（データ・マネジメント・プラットフォーム）と呼ばれる第三者事業者の活用がキモとなる。

パブリックＤＭＰは、ポータルサイトをはじめとするデータプロバイダーから属性、趣味・嗜好、Ｗｅｂ行動の匿名データを収集し、蓄積している。Ｃｏｏｋｉｅデータも同時に収集することで、Ｃｏｏｋｉｅデータを媒介してパブリックＤＭＰのデータと、自社側のデータを紐付けて活用できる。

要するに、様々なデータプロバイダーからのデータを統合するアグリゲーション機能と、個人情報ではなくＣｏｏｋｉｅをキーとした匿名情報としてオーディエンスデータを蓄積していく機能がある。国内大手のインティメート・マージャーは、３億７０００万ものオーディエンスのデータを蓄積しており、契約者は自社のセグメンテーションや、デジタル広告配信のターゲット設定に活用できる。

パブリックＤＭＰの活用効果は二つある。一つ目は、自社データのみでは有望顧客ではないと判断し、放置していた見込み顧客の掘り下げである。

二つ目は、一切自社とのタッチポイントがなく、自社データの中に存在すらしなかった有望顧客の発掘である。自社からの製品紹介メールを開封してくれない、1回も自社のＷｅｂサイトにアクセスしたことのないオーディエンスでも、店頭で見た製品の比較情報を入手するため、ポータルサイトで製品名を何度も検索しているかもしれない。ポータルサイトでの行動が分からなければ、そのオーディエンスが有望顧客かどうかを判断できる根拠はない。

従来の購買行動分析では、ＰＯＳ（販売時点情報管理）データの解析から、乳児用のオムツを購入する顧客は、同時に缶ビールを購入することが分かったという事例がある。さらなるリサーチの結果、このような買い回り行動をするのは、若い男性が多いことが分かった。子供の世話に忙しい妻から、足りなくなったオムツを買いに行かされ、その際に自分へのご褒美としてビールも購入しているというシーンが想定されたわけだ。「拡張プッシュ」では、こうしたリアル空間だけでなく、デジタル空間でのＷｅｂ行動から潜在ニーズを推定できるようになってきている。

ローン申込の審査では、Ｗｅｂ上の行動データを、ＡＩ（人工知能）を使って解析し、申込者のクレジットスコアを推定することが始まっている。今までは、口座引き落としやカード利用といった実際の金融取引に履歴に応じて、エキファックス、エクスペリアン、トランスユニオンといった信用情報機関が、アルゴリズムに基づきクレジットスコアを算出していた。この仕組みでは、金融取引の履歴がない学生のような潜在顧客に対して、クレジットスコアを算出できず、ローンを実行できないという問題があった。

元グーグルＣＩＯ（最高情報責任者）のダグラス・メリルが起業したゼストファイナンスは、金融取引の履歴に頼らずにクレジットスコアを推定している。約7万項目のデータを、10の機械学習の分析モデルで処理し、クレジットスコアを算出する。その中には、Ｗｅｂサイトで契約条件の「同意」ボタンを押す前に、どのようにスクロールをしているかという項目があり、契約条件を読み飛ばすような動きをしている人は、返済できない傾向が強いという推定をしている。

他社よりも先んじて、デジタル戦略に取り組んで来た事業者は、デジタルマーケティングの活用を本格的に進めている。ＦｉｎＴｅｃｈ（フィンテック）によりサービスのデジタル化が急速に進む金融業界では、デジタルマーケティングの取り組みを加速している。

米国のリテール銀行トップのウェルズ・ファーゴは、オンラインサービスのモバイル化をいち早く進めた。ＣＭＯ（最高マーケティング責任者）のジェイミー・モルダフスキーは、「モバイル対応後の最大の挑戦は、他業界に比べて多種多様なチャネルがある中で、クロスチャネルでのリアルタイム、一貫対応を行えること」と話す。

このために、年間60億件ものモバイル上での顧客トランザクションを分析し、モバイル以外のカスタマージャーニーをより精緻に把握し、顧客の経験価値を高めようとしている。デジタルマーケティング担当のエドワード・リンは、「（デジタルマーケティングを通じて）全チャネル横断で、顧客の購買プロセスを的確にガイドしていき、顧客に素晴らしい経験価値を提供していく」と語る。

軍関係者に保険・銀行サービスを提供するＵＳＡＡ（ユナイテッド・サービシズ・オートモビール・アソシエーション）は、小切手の画像送付での預け入れ、テキストメッセージでの振り込みといったデジタルサービスのいち早い導入で有名である。ＵＳＡＡは、顧客から年10億件以上のアクセスがあり、それを分析することで、一定の預金残高を持つ顧客のアクセスタイミングで、アクセス場所において、顧客に合わせたサービスを提案しようとしている。

新興チャネルを担当するネフ・ハドソン副社長は、「デジタルマーケティングに基づき、提案するサービスがパーソナライズされていなければ、コンテンツの海の中で自社のサービスが埋没してしまう」と話す。

金融業をはじめとして、デジタルマーケティング高度化を果たした事業者に共通するのは、顧客の経験価値からの発想、リアルとデジタルを区別しないシームレス対応、行動データ分析でのパーソナライズである。経験価値からの発想は、既に常識になっており、各事業者のマーケティング責任者の口から共通して出てくのは、「カスタマーエクスペリエンス」と「カスタマージャーニー」の二つの言葉である。

ウェルズ・ファーゴ、ＵＳＡＡでは、顧客価値を最大化するために、店舗・ＡＴＭのようなリアルチャネルと、モバイル・Ｗｅｂチャットのようなデジタルチャネルを区別しない、リアルタイムかつ、一貫したカスタマージャーニーを提供しようとしている。さらに、その前提として、数十億に及ぶ顧客のトランザクション、つまり行動データを活用しようとしている。

顧客のタッチポイントが大きく変化する中、そのタッチポイントに対して効果的にマーケティングを行うのは、極めて自然なことだ。製品・サービスを提供するだけでなく、最新のマーケティング手法を取り入れることも必要な取り組みである。

6 オープンイノベーション

オープンイノベーションの考え方

オープンイノベーションは、自社の情報を公開することで、外部から効果的なアイデアを収集しやすくするという考え方だ。「自社の技術を何でもオープンにし、業界を問わず会社間で互いに技術を利用し合いましょう」というものではない。

自社の技術のうち何をオープンにし、どういう方針でイノベーションにつなげるのか、明確な戦略に基づいて行うべきものである。進め方の手段としても様々なものがあるため、技術の種類やイノベーションの戦略に応じて、どれを選択すべきかを決めていくことになる。
例えば、以下のような選択肢が存在する。

・**クラウドソーシング**：不特定多数の人から新たなアイデアを公募するモデルであり、最小限のコストかつ最大のスピードでアイデアを集められるメリットがある
・**企業コンソーシアム**：多様な専門性を持つ企業が集まることで、新たな技術やビジネスアイデアの価値を創出しやすくなり、イノベーションを推進できる
・**産学連携／産学官連携**：企業が早い段階から、大学・公的研究機関の一定レベルの研究成果を取り込み、新事業のアイデアに活用するモデル。特に米国では成功事例が多く、新事業の創造に大きな役割を果たしている
・**技術仲介ビジネス**：イノベーションを実現するために、必要な技術を仲介するモデル。仲介業者のネットワークを使ってグローバルに技術を探索することができ、シリコンバレーの最先端技術を効率的に見つけられるといった可能性もある

オープンイノベーションの相手先を、これまで付き合いのある組織や企業に閉じて選定するのであれば、効果はあまり期待できないだろう。持っている技術は既に知っている範ちゅうかもしれず、発想が限定的になる可能性が高い。こうなるとクローズドイノベーションと大差の

ない結果となってしまう。

逆に、協業したことのない組織や企業の技術を取り込もうとすれば、未知の技術や発想に触れられる可能性が高まってくるだろう。少しでも新たな発見を得ようとする試みこそが、オープンイノベーションには向いている。

オープンイノベーションの成功事例

オープンイノベーション上手く活用できている事例を紹介する。

デンマークのレゴは、誰もが幼少期に遊んだ、言わずと知れたブロック玩具のメーカーだ。単純なプラスチックのブロックが今なお世界中で支持され続けており、業績面では２０１４年上期に玩具業界で世界一にもなっている。その背景には、イノベーションに対して積極的に取り組んだことがある。

創業以来80年以上にわたって、レゴブロックの創造性が評価され続けているが、新事業へのチャレンジが上手くいかず、２００４年には大赤字を計上した経緯があった。20世紀末からテレビゲームというデジタルの玩具が台頭したことで、変化のめまぐるしい玩具の世界で競争に勝ち残れなくなり、経営が著しく悪化していった。まさにデジタルディスラプションを目の当たりにしたという状況であろう。

この窮地を脱するべく、「脱ブロック」を掲げて様々な新事業にチャレンジしたものの、そのほとんどが上手くいかなかった。創業以来、レゴブロックのみで事業を行ってきた会社が、いきなりテレビゲームを使った新事業を行っても、なかなか成功するのが難しいのは当然とも言える。その後の試行錯誤を経て、多角化した事業を見直し、原点回帰でブロックの開発と製造に的を絞って取り組み直すべきという結論に至った。例えば、単なるブロックを売るのではなく、テーマごとに世界観を持つ「プレイテーマ」というシリーズは、顧客を引き付け、LEGOのファンになってもらう事に成功し、今ではLEGOの主力製品になった。

また「機能ではなく、ストーリーで売る」というマーケティング手法を生かすため、新サービスのアイデアを社外から募集するサイト「LEGO Ideas site」を作り、レゴブロックのファンから新たなアイデアを取り入れ、新商品の開発につなげている。これは、イノベーション創出の新たなアイデアは必ずしも社員から生まれる必要はなく、むしろ社外の人のほうがこれまでの常識にとらわれない突飛なアイデアが生まれやすいという発想によるものだ。

LEGO Ideas siteで募集したアイデアは、顧客の投票で1万票に達したら商品化を検討する。これにより、様々なアイデアが新規の製品・サービスにつながっている。

かつてはコングロマリットを推し進めて事業の多角化を図っていたゼネラル・エレクトリック（GE）も、現在は中核の重電などインフラ事業に集中し、そこからイノベーションを生み出す戦略に切り替えている。これまでの技術を生かしたハードウエア主体の〝テクノロジーカンパニー〟だけでは競争力が限られ、差別化が難しいと判断し、ITを付加した新たなビジネスを創造する〝デジタル・インダストリアル・カンパニー〟を目指そうとしている。

GEがイノベーションを生み出し、〝デジタル・インダストリアル・カンパニー〟へと変革するための取り組みとして、次の三つの施策を推進している。

1. **インダストリアルインターネット**　センサーを付けた機器から集めたビッグデータを活用し、ソリューションに結び付けようという考え方。例えばIoT（モノのインターネット）は、モノをインターネットにつなぎ、人々の日常生活がより便利になるような付加価値を加えようという概念になるが、GEの目標はさらに高く「社会そのものの利便性を向上させよう」という概念になる

2. **アドバンストマニュファクチャリング**　今までなかったような新しい技術やインターネットを生かした新しい設計などを取り入れ、製造の仕組みそのものを変えてしまうという考え方

3. **グローバルブレイン**　世界中の人々の知見やノウハウを活用しようという考え方。これはオープンイノベーションに当たる取り組みである

イノベーションに対する取り組みとしては、まず2011年11月に「GEグローバル・ソフ

トウェアセンター」を設立し、シリコンバレーに3年で10億ドルの巨額な投資をすることを決定した。さらに２０１５年10月には、これまで全社横断的に点在していたデジタル関連機能を一つに集約する革新的な取り組みとして、新たに「ＧＥデジタル」を発足させた。

また日本ＧＥでは、２０１４年に新たなオープンイノベーションの中核拠点として「ＧＥセンター・フォー・グローバル・イノベーション」を設立した。インターネットで技術提案を公募する「日本ＧＥ 技術公募 ２０１４」も開始しており、オープンイノベーションへの取り組みも積極的に行っている。

これからのＧＥが根本的な改革を推し進め、イノベーションを生み出していくためには、社内だけでの取り組みでは限界があり、社外の企業、スタートアップ企業、起業家などとのコラボレーションが絶対条件であると考えている。このオープンイノベーションに対するＧＥのビジョンは次の通り掲げられている。

・顧客が求める商品を作り出すために想像力、勇気、専門性、クリアなアイデアを基にコラボレーションを行う
・一般公募で勝ち抜いたアイデアの提出主に対し、公共の場でそれを発表し、祝福する
・協業する相手に対しては、その方法、ルール、報酬、知的所有権などの条件はプロジェクト開始時に公開する

・良いアイデアには報酬を払い、その額はアイデアの市場に対するインパクト、努力レベル、商品化の可能性、そして知的所有権などのファクターを加味して決定する
・より良い結果を生み出すために、所有する知的財産をアイデア提供者からアクセス可能にする
・常に実験を続け、コラボレーションと学習することをとめず、常に進化を続ける

モノづくりのスペシャリストであるGEにおいても、自社だけのイノベーションにとどまらず、外からの技術を積極的に取り込もうという姿勢が見て取れる。以前は、世界で一番優秀な技術者を雇い、徹底的に研究して完璧なものを造り上げるという社風だったが、世の中のデジタル化のスピードを感じ取り、さらなる発展が不可欠と気付いた結果なのであろう。

エコシステムへの取り組み

エコシステム（生態系）というバズワードがデジタルの世界で使われるようになってきた。もともとの生物学での意味は、生物と、それを取り巻く環境が相互作用しながら存続するというもので、生産者・消費者・分解者による循環でバランスのとれた状態を指す。

デジタルに置き換えると、参加するプレイヤーが互いに「つながり」、「助け合い」、共存共栄

していくという意味合いになる。具体的なシステムやサービスを挙げると様々なものがあり、その定義を明確にするのは難しいが、オープンイノベーションで記載した目的と同様、「自社だけで解決するやり方」とは相反するものという点は、どれも共通している。

エコシステムに対しては、2種類のモデルとして捉えることができる。イノベーションを効率的に推進するための参考としていただきたい。生態系がもたらす変化を読み取り、どの生態系に追従していくべきか見定める必要がある。

一つは、プラットフォームを活用してビジネスを行うモデルだ。インターネットを介して展開されているデジタル上のプラットフォームに、自社のビジネスを乗せて素早く展開する。オープンな環境、誰もが同じような使い方ができるインフラが整っているため、参入障壁が低いという利点がある。また、各社のビジネスが連携性の高いコミュニティを形成し、相互に助け合うことも可能となる。

FacebookやAppleのiTunes上でのサービス展開は、エコシステムの活用の一例である。利用するプラットフォームがより便利で、既に膨大なユーザーを抱えている場合、より良いビジネスを提供しようという企業が群がり、さらに多くのユーザーを惹きつける。この好循環がプラットフォーム提供者、その上でのビジネス提供者、ユーザーが共存共栄する理想モデルであり、エコシステムをさらに盛り上げていくことになる。

モバイル、ソーシャル、ビッグデータ、クラウドからなる第3のプラットフォーム*1が注目を浴びているが、このプラットフォーム上で形成されたビジネスの多くがエコシステムと称される。世界の先頭を走っている企業は、ここが勝負どころとにらみ、プラットフォームの主導権を握ろうと競い合っている。

新ビッグ4と言われるグーグル、アップル、アマゾン・ドット・コム、フェイスブックはどれも第3のプラットフォーム上でのビジネス展開に注力している。企業の基幹系システムでの一翼を担おうとは思っていない。第3のプラットフォームを活用したほうが、自前のサーバー上で構築するよりも、はるかに素早くビジネス化できる。あとはいかに斬新なアイデアや、自社ならではの強みを盛り込めるかが勝負どころとなる。

エコシステムは主に、モバイル端末での利用を前提に考えており、新ビッグ4の中でグーグル、アップル、アマゾンの3社は、自前でタブレット端末を製造しているというのも興味深い。それだけ、デバイスを奪うという点を重要視しているということだ。ユーザーインタフェース（UI）を支配し、魅力的なカスタマーエクスペリエンス（CX）を提供すれば、顧客を囲い込みやすくなる。直接的なタッチポイントであるデバイスにまで影響力を及ぼすことで、ビジネスの拡大を狙っている。

デバイスとコンテンツを一体として捉えてビジネスを検討することは、タブレット端末を普及させる後押しにもなり、その結果がさらなるエコシステムの普及にもつながる。

これまでITをリードしてきた企業も、エコシステムへの関心を強め、第3のプラットフォームへのビジネス移管を急務と捉えている。

オラクルはオンプレミス型の業務アプリケーションを、クラウドサービスに移管している。これまでオンプレミス型に対して支払ったライセンス費用を、クラウドサービス利用時に充当できるという対策も行っており、顧客企業に対するクラウド導入を推し進めている。

マイクロソフトはAzureに膨大な投資をして、クラウドサービスに力を入れる。アドビシステムズsも一時的に売り上げが激減することも覚悟のうえ、パッケージ販売からクラウドサービスに軸足を置き換えている。

この流れは止まらない。日本の企業が「自分たちの基幹系システムこそが最上級の情報処理の基盤だ」などと考えているようでは取り残される。「クラウド上に重要なデータを置くのはリスクがある。オンプレミスを変えるわけにはいかない」と足踏みしていてはいけない。

大企業では、巨額の投資を行って、基幹系システムの再構築を行う案件がまだまだ多い。しかしビジネス的な観点で言うと、既存の情報システムはもはや急激な成長を見込めるものではない。

オープンな環境で共存し合うエコシステム上で成り立つビジネスが、爆発的な成長を始めている。エコシステム上では誰もが自由に参加できるため、絶えずイノベーションが起こり、新たな技術やサービスが生まれる。日本の企業もいち早く、エコシステムを利活用する側に回るほうがよい。

エコシステムのもう一つのモデルは、企業のバリューチェーンの一部を他社の強みによって補強するモデルだ。企業がビジネスを展開する上で、その製品やサービスのバリューチェーンの一部を、専門技術を持つ他社に外出しし、分業で一つのビジネスを創り上げる。すべてを自社で開発する必要はない。チェーンの一つの役割であっても、餅は餅屋という考えで専門家に任せるという考え方である。

バリューチェーンは垂直統合とすべきか、水平分業とすべきか、ビジネスモデルによって分かれるため、どの業界でも水平分業型がふさわしいとは言えない。

製造業の生産ラインで考えると、商品企画から生産、販売までの活動をすべて自社で行ったほうが、余計な中間コストを排除できるし、品質や納期の管理もやりやすくなる。また、製造業は製品そのものの技術ノウハウが重要であるため、ノウハウを社外に漏らさないことが、企業の競争力を維持することにもなる。こうした場合は垂直統合のほうがふさわしい。

しかし、垂直統合には初期投資や固定費などの負担が大きいというデメリットがある。技術の進化が速く、製品やサービスのライフサイクルが短くなると、その変化に対応しきれない。

デジタル化の進む領域においては、顧客ニーズにシームレスに対応するため、水平分業の考えが必要となる。製造をすべて外部に任せる方法、チェーンの一つの役割だけ外出しする方法など、やり方は様々ある。バリューチェーンの中で付加価値につながらないチェーンを外部企業に任せ、自社はより付加価値の高い活動に集中していくことを心がけるとよい。

アップル製品のバリューチェーンには、実に多くの企業が関わっている。ｉＰｈｏｎｅの製造には、日本の中小企業や香港の鴻海（ホンハイ）精密工業など、世界中の技術の専門企業が分業している。カメラ、スクリーン、内蔵チップなどの部品から、組み立て、販売に至るまで、多くの企業が携わっている。

デルのＰＣ販売も水平分業の代表例である。自社はマーケティング・受注・顧客サポートといった顧客とのタッチポイントに注力し、部品生産・組み立て・物流といった製造工程は専門の外部企業に任せ、ＯＥＭ（相手先ブランドによる生産）による受注生産サプライチェーンを構築している。

自社のバリューチェーンのどこかを他社の強みで補強すると、これまで以上に強固なバリューチェーンを構築できる。自社が他社のチェーンの一部を担うケースもある。デジタル化が進むほど、コンテンツや顧客とのタッチポイントを持つほうが有利になる。自社がその立場であれば、製造工程を外出しする考え方が有効になる。

＊5　ＩＴ専門の調査会社であるＩＤＣ Ｊａｐａｎが発表した内容で、１９８０年代まで主流だったメインフレームと端末を「第１のプラットフォーム」、クライアント／サーバシステムを「第２のプラットフォーム」、モバイル、ソーシャル、ビッグデータ、クラウドの４要素で構成されたものを「第３のプラットフォーム」と称している

第6章

デジタル組織への転換

1 デジタル戦略組織

デジタル専門組織の必要性

デジタルの世界の広がりによる顧客ニーズの変化に対応し、新たな次元の競争に打ち勝っていくために、企業はデジタルによる企業変革、いわゆるデジタルトランスフォーメーションを加速していかなければならない。そのためには、デジタル戦略を立案・推進する専門の組織や体制を構築すべきである。

デジタルの時代の競争相手は、既存の競合だけでない。これまで何度も指摘してきた通り、新しいゲームのルールを持ち込み、業界構造を破壊するデジタルディスラプターである。生半可なことで対抗できない。デジタル戦略の立案と推進を組織的に担保しておくべきなのだ。

専門組織には、デジタル戦略をはじめ、デジタルを活用したサービスを検討することが期待される。企業規模が大きく複数の商品・サービス、複数の販売チャネルを持つ場合には、社内の方向性を定めることが大きなミッションとなる。それぞれの事業部門がデジタル戦略を個別に検討しているはずなので、互いに訴求するポイントを違わないように調整し、顧客に違和感を持たせないためだ。

デジタル戦略組織のトップには、CDO（Chief Digital Officer：最高デジタル責任者）を据えることになる。米国では、このCDOを設置する企業が急激に増えている（図5）。米国では、戦略はすべてトップダウンに行うことが多いため、CDOが大きな権限を持ち、全社のデジタル戦略を一気に推し進めている。

日本においても、CDO、あるいはそれに相当する役員を置く企業が見られるようになった。だが日本企業の場合には、現場主導で事業を進めることが多い。製品・サービスを取り扱う各事業部門は、既に何らかの形でデジタル戦略を構築して実践しているケースもある。

企業の中に、各事業部門のデジタル戦略についての整合性を取る組織や責任者が不在であれば、各事業部門は部分最適のまま、それ

図5　CDO（最高デジタル責任者）を置く企業が急増している

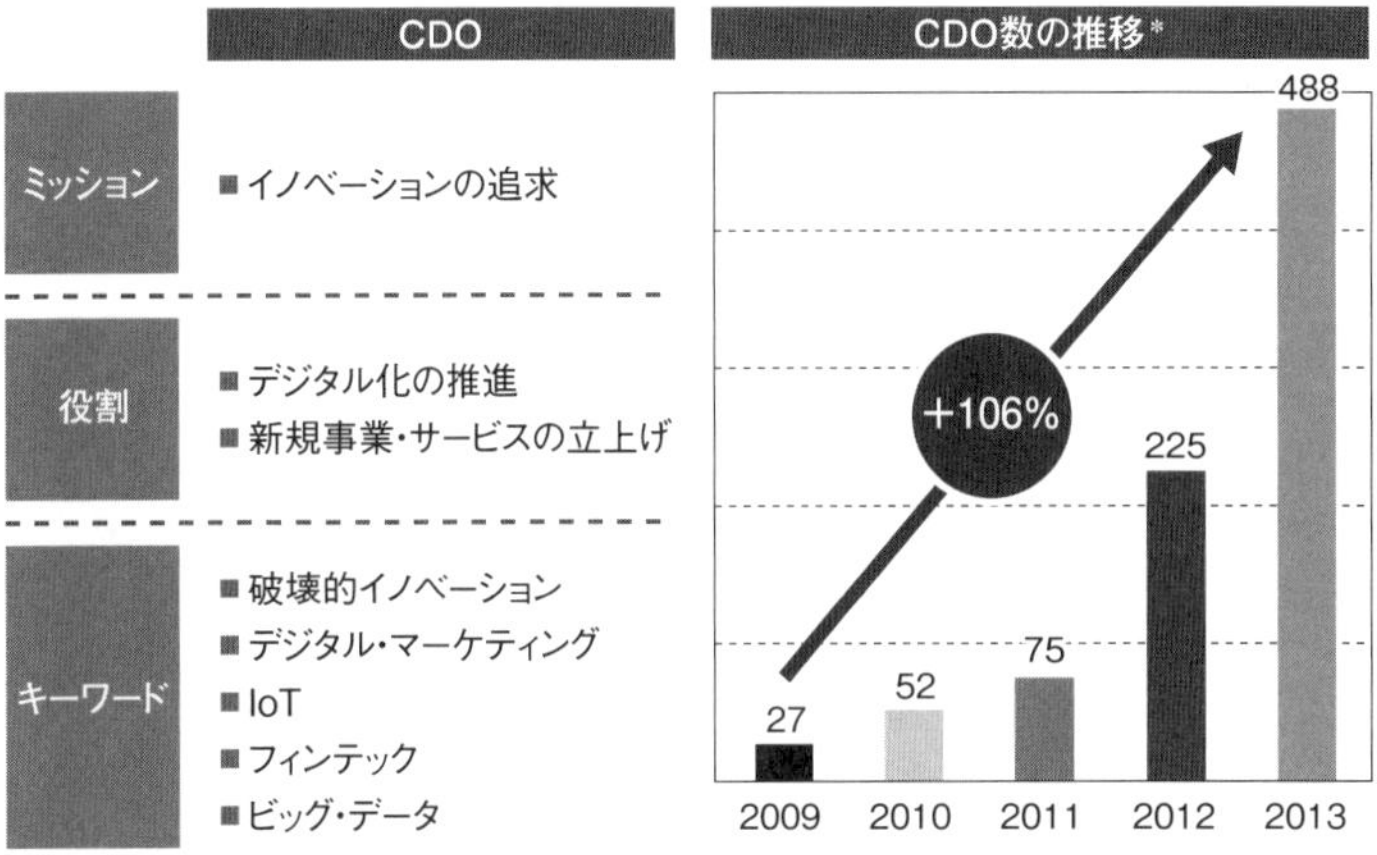

＊出所：CDO Club. "Chief Digital Officers Worldwide". 2013.
http://cdoclub.com/wp-content/uploads/2013/01/CDOGrowth.jpg

ぞれのデジタル戦略を進めることになる。結果として、顧客に対してバラバラなサービスを提供し、好ましくないイメージを与えることになる。

本来、製品・サービスが違っていても同じ顧客であれば、デジタル空間において与える印象やメッセージを統一しておかなければならない。当然、店舗などリアルでのタッチポイントとの整合性にも注意を払う必要がある。

ＣＤＯと、そのスタッフであるデジタル戦略組織は、各事業部門の事業を理解しつつ、それぞれのデジタル戦略の方向性を合わせる。企業として重要なデジタル化のテーマを優先順位付けし、必要な投資や経営資源を割り当てる。

こうした横串を通す役割のデジタル戦略組織は、その役割を果たせるように大きな権限を持たせる。それぞれの事業部門の言い分を聞きつつも、全社最適なデジタル戦略を立案し、事業部門に従わせなければならない。

このデジタル戦略組織を単に組織としての「ハコ作り」で終わらせるのではなく、いかにそのハコに「魂を注入」できるかが、デジタルトランスフォーメーションの成否を分ける。スタートアップ企業並みの迅速性や推進力が求められる。

組織形態の例

実は、企業が必要とする組織は、いま述べたデジタル戦略組織だけではない。多数の事業部門を持つような大企業であれば、デジタル戦略組織と有機的に連携する別のデジタル組織も必要になる場合がある。そうしたデジタル組織の形態については、大きく四つに分けられる（図6）。

A．全社横断組織（デジタル戦略組織）

事業規模が大きく複数の事業部門を持つ企業の中で、自らのデジタル戦略を進めている各事業部門が考えていることを、横串を通して会社目線で整理する組織である。

全社でのデジタル戦略としてまとめ上げ、顧客に対してどのような利便性を訴求するのか、何をデジタル化で推進するのかを定める。ここで定めた方針

図6　デジタル組織の4形態

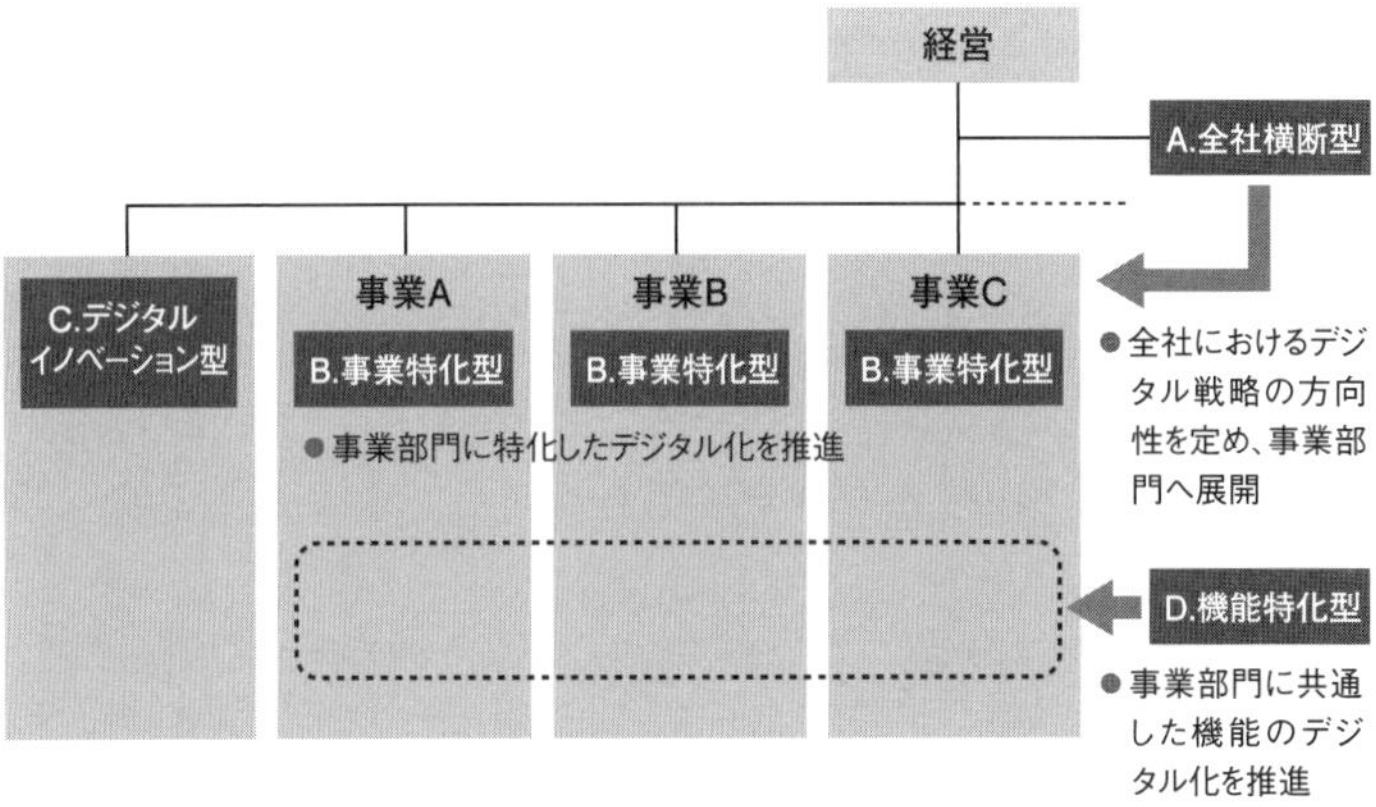

を各事業部門に周知し、各部門が実行に移す作業を推進・支援する。

技術の最新動向や、他社での導入事例などについても幅広く調査・分析する。各事業部門にとって必要だと判断した場合には、すぐに情報を伝え共有する。当然、その前提として各事業部門がどのような事業を行っており、何を必要としているのかについて幅広く理解しておく必要がある。実際には、各事業部門の施策を理解しながら、全社としての戦略方針をまとめ上げる。各事業部門に対しては、全社戦略の下、軌道修正する役割となる。

B．事業特化型組織

各事業部門において、担当製品・サービス事業についてのデジタル戦略の立案や、その実現ための施策を実行する組織である。

全社横断型組織で定めた方針に沿って、各事業部門における詳細で具体的な計画を定める。売り上げに紐付く施策や、デジタルマーケティングのＰＤＣＡサイクルを回すなど、比較的短期的で各事業固有の取り組みを実施する。

事業部門の現業と兼任になる要員がいるかもしれない。だが、変化が激しい時代において、現行業務との兼務だと機能しづらい。現業に支障が出た場合、そちらを優先してしまうからだ。事業部門内でも独立した組織にすることが望ましい。

C．デジタルイノベーション型組織

既存の事業や業務のデジタル化ではなく、新しい技術を活用した新しいビジネスモデルについて立案する組織である。

新ビジネスの立ち上げから拡大の途中までを担当する。上手くビジネスが立ち上がってくれば、既存の事業部門に引き継ぐ。

デジタル技術に関するR＆D（研究・開発）機能とも言える。だが、中長期的な研究を行っていたのでは、今の時代には合わない。スタートアップ企業と同様の推進力を持たせ、すぐにサービス化できるようにしなければならない。

D．機能特化型組織

企業におけるバリューチェーンの各機能に特化して、デジタル化を推進する組織である。例えば、（1）全社で統一したデジタルマーケティングを行う、（2）全社で統一した電子商取引機能を構築する、（3）製造業において、生産工程へのIoT（モノのインターネット）導入を画一的に行う、（4）顧客対応を行うアフターサービスや、コールセンター機能を全社的に担う、などを推進する。

こうした特定の機能に集中して、効率化・高付加価値化するようなデジタルソリューションを導入する。各事業部門は、この組織が提供するソリューションをベースに事業・サービスを展開することになる。

既にデジタル組織を作り上げている企業を見てみると、こうした機能を使い分けて組織化している。例えば次のような形態だ。

1. 複数事業を持つコングロマリット企業（GE、日立製作所など）
A：全社横断型、B：事業特化型、D：機能特化型のデジタル組織を有する

2. 単体事業で幅広いバリューチェーンを有する企業（BMW、ダイムラーなど）
A：全社横断型、D：機能特化型のデジタル組織を有する

3. 一部のバリューチェーンに特化した企業（マクドナルド、ナイキなど）
D：機能特化型のデジタル組織を有する。必ずしも複数の事業にまたがってデジタル戦略を立案・推進しているわけではない。マーケティング機能や製造機能に特化しているケースが多く見られる。

ちなみにCのデジタルイノベーション型組織は、Aの全社横断型組織における一つの機能として定義されている場合もある。

ただ、デジタルイノベーション型組織は新規ビジネスの立ち上げがゴールであるが、全社横

断型組織は既存事業の推進・支援も目的にしている。両者の最終目的は異なる。全社横断型組織の一機能として置いておくのか、組織としても分けるべきかについては要検討である。

次に、各組織の役割などについて詳しく述べる。自社のビジネスモデルや将来の事業展開を想定し、何を目的に、どういったデジタル組織を置くのかを定める。

A．全社横断型組織（デジタル戦略組織）

◆役割

全社的視点でデジタル戦略を構築する。この組織で定めたデジタル戦略に基づき、各事業部門が具体的なデジタルビジネスを計画・実行する。

日本企業においては、各事業部門が推進しようとしているデジタル戦略に対して、全社的視点で方向性が整合しているかを確認して合わせていくことが現実的だ。今から腕まくりして全社戦略を構築しても、各事業部門との調整に多大な時間を要することになる。

各事業の状況や、デジタルビジネスの検討状況など、社内の状況について幅広く情報収集する。中期戦略については経営企画部門と、マーケティング戦略についてはマーケティング企画部門とコミュニケーションをとり、企業全体の方向性を共有する。

ＩＴ部門とのコミュニケーションも重要だ。せっかく新しいＩＴを導入しようとしても、技術的な課題、ＩＴ部門におけるリソースが不足しているなど、デジタル技術導入の前提を理解しておかなければならない。このあたりの進め方は、「既存組織との連携」の項で詳細に述べる。

顧客ニーズ、最新技術、他社におけるデジタル化の動向など、社外の情報についても幅広く収集する。有識者、ＩＴ企業、ベンチャーキャピタル、コンサルティング会社など、幅広くネットワーキングして情報源を確保しておくようにしたい。事業部門別で行っては非効率だし、相手先にとっても窓口が一本化される。

苦労して立案したデジタル化戦略を、一過性のもので終わらせてしまってはならない。新しい兆候を逃さないように、継続して情報収集と方向性の修正を行う。

◆事業部門へのサポート

顧客や市場の動向について、常に新しい情報を収集し、網羅的に把握しておくことは簡単ではない。

事業部門の先端にいる社員から情報を収集する仕掛けが必要だ。単に話を聞きに行くだけでは十分ではない。現場社員に対して、最新の技術動向やディスラプターの脅威を示し、現場での情報収集についてのアンテナを高める。

事業部門とは信頼関係を構築しておく。情報を収集するだけの姿勢であれば、「何をしに来ているのだろうか」「一方的に情報を集めているだけだ」となり、現場で忙しく働いている社員からの信頼を得ることはできない。「適当に話を合わせておこう」という程度に流されてしまう。「ギブ・アンド・テイク」の「ギブ」をメインに考えた方がよい。

社外からの情報収集についても同様のことが言える。社内での検討内容のすべてを、社外に伝えるわけにはいかない。しかし、相手も情報を必要としている。場合によっては自社のビジネスにつながることも考えている。相手との信頼関係を維持しながら、情報交換する工夫が必要だ。

収集した情報を基に、デジタル戦略を構築するためのアイデアを創出する。有識者との討議、パイロットプロジェクト、社外との共同研究などを行い、アイデア創出を活性化する。収集した情報や創出したアイデアについてはロングリストとして取りまとめる。

ロングリストにまとめたテーマは、関係する事業部門と共有する。報告会を行ったり、共同検討のためのワークショップを開催したりする。事業部門がすぐに取り扱える課題であれば、事業部門にテーマを渡して検討を進めてもらう。

取り扱う事業部門が決まっていなかったり、事業部門だけで検討することが難しかったりする課題であれば、全社横断型組織で検討を進めることになる。この場合には、全社横断型組織の中に、デジタルイノベーション機能を有しておかなければならない。

デジタル化を効果的に推進するためには、一連の活動をモニタリングしておくことも必要となる。テーマを事業部門に引き渡したが、数か月経過しても何も検討されていなかった、ということが起きる可能性がある。事業部門へ引き渡しても、その検討状況については継続して把握し、必要に応じて支援することを怠ってはならない。

◆社内制度の整備

デジタル化を推進するために必要な社内制度の整備を進める。組織に配置される要員は、社内から集めたり、社外から採用したりする。社内から集める場合には、公募にするのか、マネジメント判断で人事異動するのかを決める。

評価制度も重要だ。組織立ち上げ後しばらくは、目立った成果を上げることは難しい。この間の成果をどのように評価するのか。社内公募した場合、その要員が抜けたことにより、元の部署には迷惑をかけることになるかもしれない。このことがマイナスの評価にならないようにしなければならない。

社外からの採用については、従来の雇用形態、給与、評価でよいのかを決めておく必要がある。従来の雇用形態と大きく変わる場合には、今の従業員に対して不公平感がないように注意しなければならない。

◆アライアンスの検討と推進

技術革新が進む中、自社だけで新しい技術を迅速に開発してサービス化することは簡単ではない。外部の支援を借りることで成功確率を高めることができる。外部機関や他企業と連携する場合には、どこと、どのような事業提携を行うのかを決めなければならない。

自社のニーズを明確にし、研究機関やＩＴベンダーなどの技術シーズやサービスとマッチングさせる取り組みを行わなければならない。相手方からの売り込みを待つのではなく、能動的に探しに行くことも必要だ。

様々な領域で協業先のリストを作り上げる。提携相手を探しているうちに、適切な相手が見つかったり、本当に必要としていた技術が見つかったりすることがある。こういったプロセスの中で貴重な情報を得ることも多い。

協業先を選定するにあたっては、選定基準や提携の方針を定義しておいたほうがよい。一般的に、アライアンスを組みたいとの思いが強すぎると、不本意な結果となる場合がある。アライアンスを組むことが目的となり、客観的な評価ができなくなる。また、担当者による考え方の違いや、提携の進め方を巡る思惑の違いも起きる。そうならないように、あらかじめ選定基準や提携の方針を定めておくのだ。

提携スキームや交渉の進め方には、慣れ親しんでおく必要がある。条件の提示方法や、提携に至る時間、交渉の進め方など、相手先とＷｉｎ－Ｗｉｎになるように進めることが望ましい。自社の利益だけを追求するとあまり良い結果にはならない。

外部との提携においては、知財管理にも気を配る必要がある。知財管理の専門家を交えた体制で、契約パターンごとに知財の持ち方を検討し、最適な契約形態で外部連携を進めていくことが求められる。

B. 事業特化型組織

◆役割

デジタル戦略を事業部門ごとに推進するためには、事業部門に特化した実行組織を設置することが有効だ。こうした組織を置く前提条件としては、一事業として安定している（ビジネスモデルが固定化し多くの顧客が付いている）こと、業務プロセスが固定化しており、そのための要員を多く抱えていること、組織内で機能が分割され、役割分担が明確になっていることが挙げられる。

事業特化型組織は、全社横断組織の方針に従い、事業部門におけるデジタルビジネスを具体的に検討し、実行に移す。事業の本質を理解したうえで、どの領域でデジタル化を進めることができるか、あるいは、競合他社がデジタル化を進めてしまう可能性があるのかを見極める。ゼロベースで検討することが必要だ。従来の常識に頼っていてはダメだ。

究極的にデジタル化が進んだ場合、今のビジネスモデルを維持・継続できるのかについても客観的に考える。今の事業における非効率性は何であり、今後どのような弊害を生む可能性があるか。どのようなデジタルディスラプターが攻撃してくる可能性があるのか。

自社が積極的にデジタル化を進めた場合、販売の商流がリアルからデジタルに変わり、今のステークホルダー（販売代理店、物流担当など）からの不満を受けることが考えられる。価格が下落することで、売り上げが下がることも織り込まなければならない。

事業特化型組織は、このように今の事業がどのようになるかを先読みし、デジタルビジネスの方向性を決めなければならない。様子見と称して手を打たない、決めた戦略を徹底して行わないなら問題だ。「やる」と決めたのに、人や予算という経営資源を十分に配分しなければ、成功確率は大きく下がることになる。

◆アイデアリストの作成と評価

事業部門でデジタル化を推進するためには、できるだけ多くのアイデアを出してリスト化し、その中から良いモノを選定して試していく必要がある。そのアイデアには、競争に打ち勝ち売り上げを向上させる「攻め」のテーマと、業務効率化によるコスト最適化を狙う「守り」のテーマがある。

本書で推奨したいのは、攻めのテーマである。例えば顧客囲い込み（既存顧客を逃がさない）、クロスセル・アップセル（既存顧客に対して、別の商品を販売する）、新規顧客獲得などである。

アイデアリストでは、顧客とはどのようなセグメントであり、何をカスタマーエクスペリエンス（CX）として訴求するのかを明確にしておく。実現に必要な期間は、どの程度なのか。短期（半年以内）、中期（半年〜2年）、長期（2年以上）で分けるとよい。

「アイデア数が不足している」、「アイデア数は十分にあるが実現可能性が低そうだ」、「期待収益が低い」といった問題があるのであれば、アイデアリストを作り直す必要がある。

アイデアに対しては、インパクトを簡易評価する。インパクトについては、顧客視点と自社にとっての両面で評価することが必要だ。どのような顧客が対象となるのか。その顧客に対して、どのようなCXを与えることができるのかを明確にする。それによる自社の事業への期待収益の大きさを評価する。

現時点でデメリットに考えられるのはどのような点か、明らかにしなければならない課題とは何かも定める。まったく問題が無いということはないはずだ。問題があるからといって、あきらめるのもよくない。課題を洗い出し、一つずつ解決していけばよい。

◆実現可能性の早期見極め

デジタル戦略が定まったのであれば、迅速に実行に移すべきだ。行動を起こすのが遅れれば遅れるほど、競合他社に先行を許したり、デジタルディスラプターの餌食になったりするリスクが高まる。これまでの事業を加速化する仕掛けを、デジタル技術を用いて実現化しなければならない。

活用する技術や手法が決まれば、フィージビリティスタディを実施する。当該技術の特性がどのようなもので、今の事業にどのようなインパクトを与えることができるのか、現時点で明らかになっている課題は何なのかといった具合に、事業化の可能性を検討する。

試すだけの価値があると判断できれば、新技術を活用したパイロットプロジェクトを立ち上げる。その際、事前にメリットやデメリットと考えた点は、本当にそうだったのか、実際に使ってみるとどのような問題が出るのかを検証する。

結果が出ないのに、ずるずると続けても仕方がない。いつまでに何を達成するのか、といった期限を区切る。パイロットとして採用する外部企業や技術者に状況をきちんと伝えつつ、必要な情報を収集する。なるべく短期間で集中的に行うことだ。

社内に対して報告する機会を設けて実施することも重要だ。新規の取り組みでは、定期的な報告がなければ、誰もがよく分からない状況に陥る。今どのようなことを考えて、何を試しているのか、については報告する義務がある。

パイロットプロジェクトを通じて得られた情報を基に、事業化できそうかどうかを判断する。100点満点ということは少ないだろう。ある程度、点数が稼げそうならば、事業化を進める具体的な検討に入る。

採用する技術を持つ企業との提携交渉も開始する。自社の利益を優先するものの、Win－Loseの関係にするのも良くない。会社の価値観やカルチャー・風土が全く違う会社が手を取り合うこととなるから、相手のことを理解するように努めなければならない。両社の役割・責任分担を決める。

握手するまでは互いに努力しながら検討を重ねる。いったん技術の採用が決まってしまうと、安心してしまい、相手任せにしてしまうことが多い。実際には、実行しながら課題を解決していくことが重要なのである。課題を発見して解決していくプロセスにおいて、人材が育ち組織が強化されていく。恒常的に取り組み状況をウォッチし、両者で議論を重ね、改善を続けていくことで、協業もうまく回る。

◆実現体制の構築

具体的なオペレーション設計やシステム設計にも着手する。このための体制を構築しなければならない。まずは、責任者を明確にすることだ。新しい技術やサービスを導入する最終責任がどこにあるのかを決める。

新しい技術の導入を検討してきた担当者でもよいし、現場における事業担当者でもかまわない。このサービスを展開したいという強い想いを持っていることが前提だ。誰かが持ち込んだものをやらされているとの意識だと、決して上手くはいかない。

具体的な体制として、図7に一つの例を示した。事業特化型組織は、事業部門Aの配下にあるが、既存の部署とは独立の関係にある。事業特化型組織には、一つのチームだけが作られている。組織内に余裕があれば、複数のテーマを選定し、その数だけのチームを用意すればよい。

チームに対する最終責任者として「オーナー」を定義した。名称は何でもよいが、成果物に対する最終責任を取る。事業部門内の組織なので、オーナーになるのは部門長、あるいはそれに準じる役職ということになる。

ビジネスモデルのデザインを行う「ビジネスアーキテクト」、組織の運用設計を行う「オペレーションデザイナー」、最新のITを導入する「スーパーエンジニア」によりチームは構成される。それぞれ、専任でアサインされることが望ましい。それぞれの具体的な役割については、「デジタル要員の育成」で後述する。

図7　事業特化型組織の例

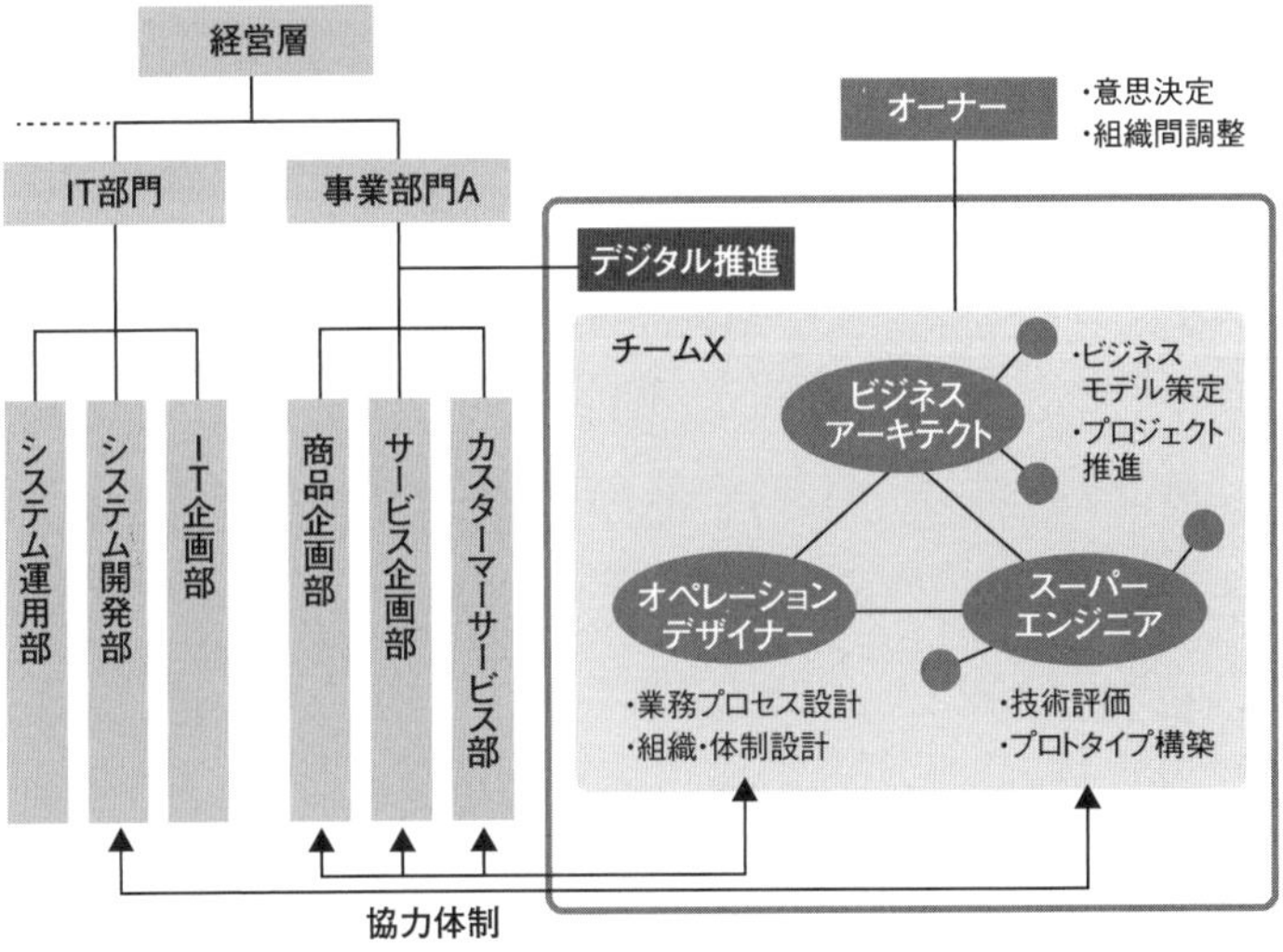

ビジネスアーキテクトは、チーム全体の推進を行うことも期待されることが多い。検討が本格化した場合には、オペレーションやＩＴに関するメンバーの数が増える。現行の事業部門やＩＴ部門との調整も増える。対外的なコミュニケーション量も増える。こうなった場合には、ビジネスモデルを検討し実現していく役割と、プロジェクトの推進・管理の役割とは明確に分けたほうがよい。

事業特化型組織のこうした取り組みはすべて、事業部門がリーダーシップを持って進めることを想定している。だが、事業部門だけだと、今のビジネスの常識や業務が前提となり、新しい発想が出てこない恐れもある。ＩＴを分かる人がほとんどいないというケースもある。

この場合には、思い切ってＩＴ部門メンバーを主体にすることも推奨したい。これは、デジタルイノベーション型組織にも共通する。例えば図８のような体制だ。ＩＴを活用することが前提であるため、技術に詳しい要員を置いたほうが機能しやすくなる。

C．デジタルイノベーション型組織

◆役割

従来の事業やサービスの延長線上ではなく、デジタル技術を活用した新しいビジネスやサービスを立ち上げる。担当するのは、サービスのライフサイクル上における、立ち上げ時から拡

図8　IT主導型の組織構造

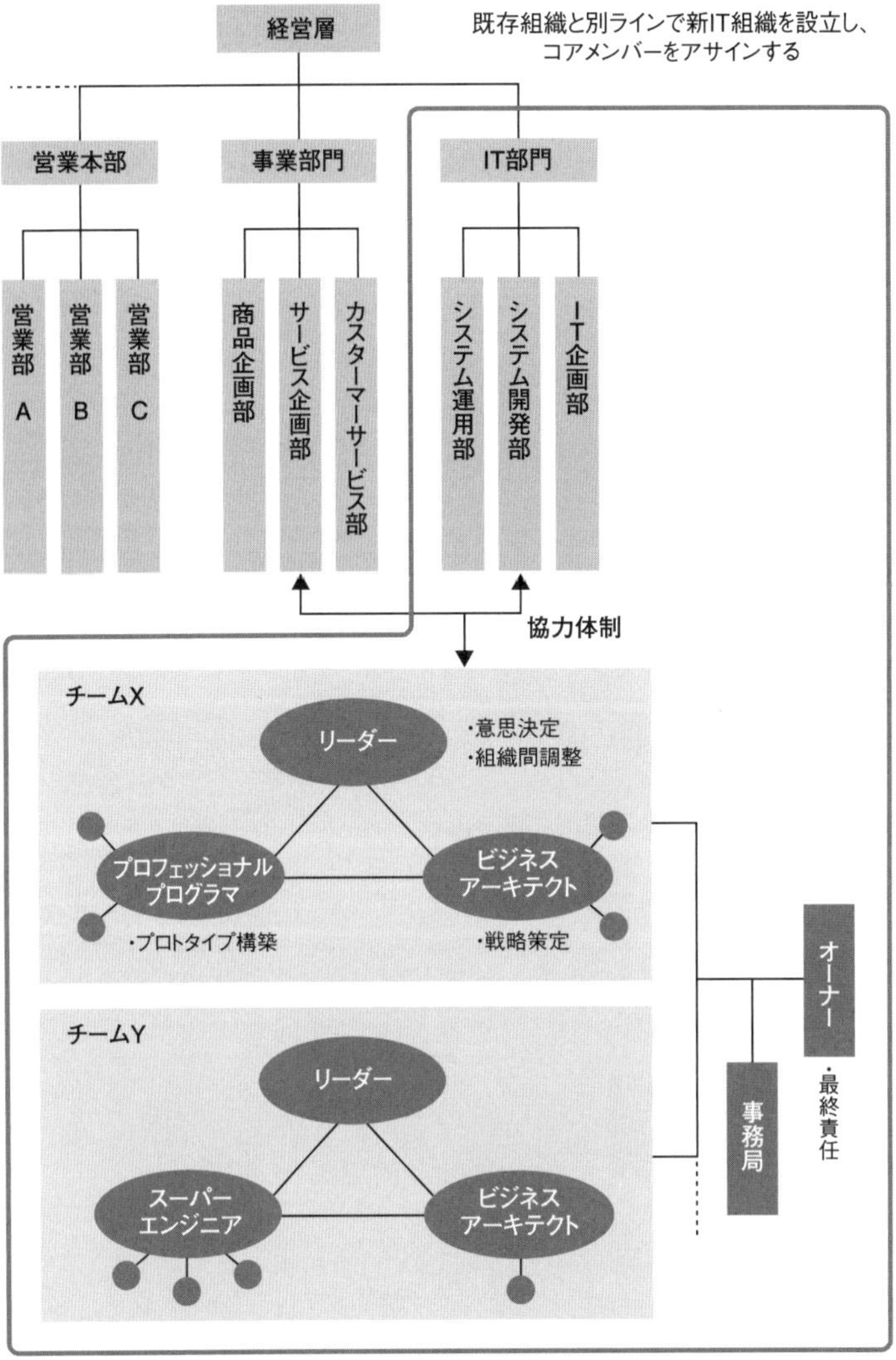

大期の途中までだ(図9)。ビジネスとしての成功が見えた拡大期のタイミングで、既存の事業部門に業務を引き継ぐ。サービスが立ち上がった後には、新しいデジタルビジネスの検討に着手する。

経営や事業部門から言われたことを検討することが目的ではない。デジタル時代のなかで、自社が取り組むべきデジタル化課題を自らが設定し、次の事業の柱になる可能性のあるビジネスやサービスを育成していくのだ。

◆社内ベンチャー機能

デジタルイノベーション型組織では、起業家精神を持って新しい製品・サービスを生み出すことが期待される。歴史ある企業において、社員が起業家精神を持

図9　事業のライフサイクルとデジタルイノベーションの役割

■イノベーション組織は、成長期の途中までを支援

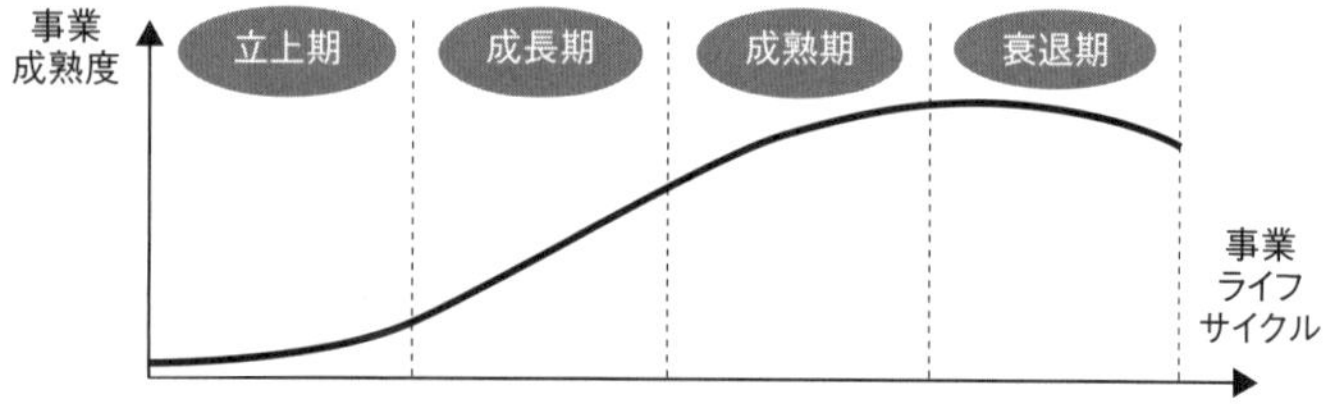

	立上期	成長期	成熟期	衰退期
課題	事業開発と迅速な立ち上げ	標準化、事業のスムーズな拡張	効率化と改善活動	安定的な運用
デジタルイノベーション組織	・効率的な立ち上げ手法の考案 ・事業の具現化	・引き継ぎ		
事業部門		・業務遂行基盤構築 ・スピーディーな機能強化	・業務の安定化・効率化	・事業縮小への対応 ・次世代事業・サービスの検討

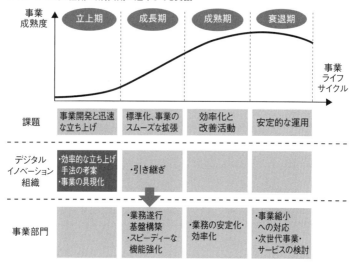

つことは簡単ではない。これまでの仕事の進め方にはとらわれず、新しいビジネスモデルを検討していかなければならない。

革新的サービスを生み出しているベンチャー企業には、起業家精神に溢れた創業者がいるケースが多い。そのDNAを次の世代に受け継ぎ、企業としての成長の速度を維持する。実際にスタートアップ企業を訪問し、その精神や仕事のやり方を参考にするのも良い機会だ。参考にすべき点が数多くあるだろう。その良いところを取り入れながら、サービスの立ち上げに集中する。

「起業家精神を持て」といっても、自分たちだけでモチベーションを維持させるのには限界もある。起業家のやり方も分からない。新しいビジネスやサービスをアウトプットするには、経営に近いところで議論したり、社外の有識者と情報交換したり、実際に顧客になりそうなユーザーとの対話を増やして情報取集したりすべきだ。なるべく多くのインプットを得て、充電することが必要となる。

◆既存組織との関係

イノベーションを担う新組織は、既存組織構造の管理下に入れてしまうと、うまく機能しなくなる。既存組織においては、現行業務に支障が出た場合、どうしてもその対応への優先順位が高まる。本来は新しいイノベーションを検討することが最優先なのにもかかわらず、意図した通りに機能しなくなる。

新しいビジネスやサービスの検討を行っているにもかかわらず、発想が狭い範囲に限定されてしまう恐れもある。既存事業の延長線上で考えてしまいがちになるからだ。今の規制や経営リソースといった制約条件が前提になり、アイデアに新規性が失われる。

逆に、既存組織との距離が遠くなることも問題だ。サービスが立ち上がれば事業部門へ移管する。ＩＴ基盤についてはＩＴ部門へ移管する。事前に何のすり合わせもせず、事業部門やＩＴ部門に押し付けるわけにはいかない。業務のルールや進め方が異なり、調整が必要になるかもしれない。感情的なしこりが残ると、後々の協力体制にも支障が出る。

◆ＩＴ部門発の組織

この新しいイノベーション型組織については、ＩＴ部門発で実現することを提案したい。

新しいサービスは、事業部門で考えることが一般的だ。だが、今進めようとしているのは、最新の技術を活用したデジタルサービスである。ＩＴに詳しくない事業部門だけで企画すると、従来の延長線上にとどまる恐れがある。新しい技術で実現できる世界から、新しいビジネスを考えたほうがよい。

顧客のＣＸに訴求するのであれば、最新のＩＴを活用したい。最新技術が本当に使えるのか、どのように使えばよいのか、についても、すぐに実現して試すスピード感が必要となる。「実装を誰かに頼みたい」という「誰か」を社外で探すのは簡単ではない。

今のＩＴ部門は現行業務で手いっぱいになっている。コスト削減要請により、要員数が減少し、新しい要員の補充も行われない実態がある。障害を発生させられないとの緊張感から、新しいことにチャレンジする余裕はない場合が多い。

だからと言って、ＩＴ部門の役割が既存ＩＴ資産のお守りで良いわけではない。このデジタル化の波は一過性のものではなく、今後永続的に続くものと推測される。より新しい技術も次々に生まれる。新しい技術をいち早く自社の事業に生かすべく検討することが、これからのＩＴ部門に求められる姿である。

ＩＴ部門発のイノベーション型組織の作り方については、弊社における『デジタル化を勝ち抜く新たなＩＴ組織のつくり方』にて詳しく述べており、是非とも参考にしていただきたい。

D. 機能特化型組織

◆役割

バリューチェーンにおける特定の機能に対して、デジタル化を推進する。ＩｏＴやＡＩ（人工知能）技術を導入することで、業務を効率化・高度化することが目的である。デジタル化により生産性向上や品質改善につなげる役割だ。

各事業部門に対しては、導入した技術を使うように誘導・指示することで、企業内でのスタンダードを構築する役割も果たす。各事業部門は、提供されたデジタル技術を自部門の製品・サービスのバリューチェーンに適用する。

機能特化型組織では、事業を行ううえで必要な機能の本質的な価値を理解する。そのうえで導入すべきデジタル技術の選定や、導入した技術が自社にとって本当に有効なのか、今後も使えるのかといった点についても評価する。

バリューチェーンにおける特定の機能とは、デジタルマーケティング、ＥＣ（電子商取引）、販売推奨（ＡＩ技術の活用）、生産管理（ＩｏＴの活用）、コールセンター（ＡＩ技術の活用）、施設を保全するための技術などがある。デジタル技術の導入後も、各バリューチェーンにおける効果を測定・評価し、課題を明確にして改善を継続する。

◆ソリューションの選定

自社内の事業部門を見渡したときに、導入すると有効だと考えられるデジタル技術を検討して選定する。新しく利用され始めた技術やその活用方法を研究し、自社にとって有効かどうかを評価する。その技術を提供している企業の将来性や、今後の改善・拡張計画についても評価する。

とはいえ、新たなデジタル技術を一から探していたのでは、時間が足りない。既にデジタル化を進めている実績が社内にあれば、それを使わない手はない。一番成果を出している技術を選択し、成果を出した部門の戦略を学び、それをベースに全社でのデジタル戦略を構築する。類似した事業を行っている他社の事例でもよい。

成功事例があると、他の部門にとっても受け入れやすい。事業によって、その技術が適しているかどうかは異なるのは当然だ。「うちには合わない」と一部の事業部門が言ってくるかもしれない。

本当に整合しないのかどうかについては、冷静に判断しなければならない。事業ごとに特異性はある。だが、それをすべて認めていては、会社全体での最適解は得られない。結局、各事業部門で別々に導入しているのと同じことになってしまう。

別々のほうが良いと判断することもあるだろう。その場合には、似たような複数のソリューションを個別に維持・管理していくことを覚悟することだ。新しい技術が出た場合のバージョンアップ、既存システムとの連携、ITベンダーとの交渉・契約、保守・維持するための要員の確保、そのための費用など、2倍、あるいはそれ以上の経営リソースを使うことになる。

◆社内への導入・浸透

活用するソリューションを定めたら、ぶれないことだ。なぜその技術が適しているのかを論理的に説明できるようにしておく。また、関係者へ考え方を周知する。評価できる点だけでなく、改善点やリスクについても情報をディスクローズする。

次に、各事業部門に対して、なるべく迅速に導入する。これまでの業務の進め方を変えることによる苦情が出るかもしれない。だが、その必要性と技術の有効性を根気よく説明する。事業部門側の意見もきちんと聞くことも重要だ。

一度導入したら終わりではない。効果や改善点について、継続的に確認する。改善すべき点は、少しでも良くなるように計画を立てて進める。

効果は大々的に宣伝したほうがよい。大げさに言う必要はないが、経営層から現場に至る全社員に知らしめておくべきだ。

◆サービスの磨き上げ

デジタル技術の導入は一歩間違うと、それ自身が目的化してしまう恐れがある。デジタル化により達成したいのは、サービスや生産性の向上による売り上げ・利益の向上だ。「ＡＩ技術を導入」という文字が躍ることがあるが、本当の目的を忘れてはならない。

ＩＴ業界においては、常に新しい技術が出される。それを活用した同業他社も現れる。そのサービス内容や技術については、客観的に評価したほうがよい。慌てて、これまで決めた方針を急に転換したりしないことだ。逆に言うと、慌てないように事前の調査をしっかりと行っておくべきである。

繰り返しだが、新しい技術を導入することが目的ではない。自社の収益に貢献することが最終目的なのである。

2 既存組織との連携

新しい組織を立ち上げても、その組織だけでデジタル戦略を推進できるわけではない。既存組織を巻き込むことが必要となる。

互いに連携して、関係を強化しておく主な組織は、既存の事業部門、ＩＴ部門に加えて、経営企画部門がある。企業の組織体によっては他にもあるだろう。

スタートアップ企業や規模が小さい企業であれば、他の組織をまったく気にする必要はない。創業者が君臨する企業であれば、鶴の一声で戦略が決定する。だが、既にある程度の規模で事業を行っている企業では、各組織にはそれぞれのミッションがあるわけで、既存組織と連携を上手く取って進めることが必須となる。

連携すべき事項は、以下のようになる。

・デジタル戦略を実現する最終ゴールを共有しておくこと

・今後の方向性について共有しておくこと
・当面の活動内容と、その状況を共有しておくこと
・既存事業部門と同じ活動を行わないこと
・成果が上がった場合には、それを分かち合うこと
・以上の事項について、定期的に情報交換を行う場を設けて置くこと

既存の事業部門とは様々な状況・場面で、意見や利害が対立する可能性がある。どちらが活動のイニシャティブを持つのか、面倒な事務処理をどちらが担当するのか、など、大方針の策定から、日々の活動にまで至る。

重要なことは、「最終ゴール」を共有しておくことだ。共通の目標を掲げ、役割分担を明確に行っておけば、多少意見が対立しても、利害関係を調整して協働作業を行うことは可能である。そもそも、デジタルディスラプターなどの競争相手は外にいるのだ。社内で仲たがいをしている状況ではないはずだ。

経営企画部門との連携

経営戦略はトップマネジメントが方向性を決める。それに基づき、経営企画が中期経営計画

を取りまとめる。この経営計画の中で、デジタル戦略をどのように位置づけるのかを決める。例えば全社横断型のデジタル戦略組織が考えた戦略と、経営企画での中期戦略とが合致していなければ、各事業部門は混乱する。経営全体の方向性と、デジタル戦略の方向性は常に調和していなければならない。

経営企画部門の中にデジタル戦略組織を置くことも考えられる。経営企画としてデジタル戦略を考案することができるようにするのである。

デジタル戦略組織を独立させた場合、経営企画部門と兼務する社員がいてもよい。経営全体の動きを理解し、その中でデジタル戦略を立案することができる。互いの部門の間でのコミュニケーションが円滑になる効果も期待できる。

経営戦略では、どの時期に、どのようなことを実現するのかといったマイルストーンを共有する。その上で、事業部門やIT部門が自分たちの戦略を立案することになる。

だが、デジタル戦略組織は経営企画に対して、デジタル技術に関する外部環境変化に関する情報を積極的にインプットして、経営戦略に反映させるように努めるべきだ。それは、会社全体のデジタル感度を引き上げることにも役立つ。

事業部門との連携

全社横断型のデジタル戦略組織やデジタルイノベーション型組織が、事業部門の有機的な連携を実現するためには、事業部門の考え方や価値観、性質を理解した上で、組織作りを進めなければならない。有機的に連携するためには、事業部門と密接に議論を重ね、デジタル戦略の構築と実現を目指す。

現業で収益を十分に上げている事業部門は、デジタル化というイノベーションに抵抗感を感じるケースも多い。将来的な機会や脅威よりも、目の前の収益を優先しているからだ。彼らの評価はあくまで現業に照らし合わせた内容になっているので、イノベーションに対して抵抗を感じるのは当然だ。

デジタル戦略によって、事業部門にどのようなメリットが生じるのかを論理的に伝えていくことが必要である。競合他社の状況についても伝える。その価値は大きいはずだ。

デジタル戦略組織に期待してもらうのはありがたいが、依存され過ぎることも避けたい。「彼らが考えているのだろう。何か新しいアイデアを持ってくるに違いない」と思考停止に陥らせてはならない。

特に、デジタル技術を活用した新サービスを立ち上げるデジタルイノベーション型組織の場合、B2B（企業対企業）ビジネスであれば、新サービスでも既存顧客へのアクセスが必要となる。新しいサービスを提供するにしても、全く違う顧客へ行くよりも、既存顧客に対するほうがアクセスしやすいからだ。

だが、組織が階層的で縦割りになるほど、「顧客へアクセスするには、担当営業部の許可が必要」ということが起きる。担当営業部は、自分たちを通さずに顧客へアクセスされることに難色を示す。そうこうして時間が過ぎてしまい、結局、新サービスの実効性は試されないままとなる。

今の事業に多大な犠牲を払ってまで、新しい事業の立ち上げを強引に進めることは問題であろう。ただ、これから数年後の世界を描いた場合、競合他社の動向を想定した場合、顧客がさらなる利便性を求めた場合、今のままでの製品・サービスのままでよいのかについては、事業部門と膝詰めで議論する必要がある。

デジタルイノベーション型組織は、サービスのライフサイクルの導入期における事業運営を主体的に進める。次の拡大期に差し掛かったときには、既存の事業部門へ移管することになる。あるいは、メンバーごと既存事業部門へ異動することになる。そうなることを想定し、事前に準備すべきことを整理して進めておく。

新サービスが立ち上がれば事業部門に移管することを前提に、サービス検討段階においては、本当にサービスとして成り立つのか、といった点だけでなく、次の点をしっかりと議論しておく必要がある。

・既存サービスを使っている顧客が不利益にならないか
・既存サービスと利益相反関係にならないか
・既存サービスから新サービスへの移管を行うのか、その場合はどのように行うのか
・既存の販売チャネルが離脱しないか
・既存顧客や販売チャネルへの説明は困らないか
・業務部門の体制を整えることはできそうか
・サービス拡大期に業務量が拡大しても大丈夫か

事業部門の中には、「現行の業務だけで手いっぱいなのに、なぜ新しい業務を引き受けなければならないのか」と納得できないことがあるかもしれない。サービス企画の段階から、会社にとってのメリットを説明し、各事業部門にとっても不利益にはならないことを伝えておく必要がある。

サービス計画が出来上がったとして、新しいサービスの開始までの準備期間では、関係する各部門と次のような調整事項が発生する。

・オペレーション部隊は、新しい業務に対応できそうか
・全体的にどの程度の人数が必要か。今の人数で足りるか

・利用を予定するシステムの対応は完了しそうか
・要員に対するトレーニングはできているか
・サービス開始までに残った課題は何で、それはすべて完了しそうか

新しいサービスの検討が順調に進んだ場合でも、特に事業部門との協力体制やコミュニケーションが重要となる。「新しいサービスとは言っているが、元はと言えば○○部門の責任範囲ではないか。○○部門は一体何をやっていたんだ」というような、的外れな批判を受けてしまっては関係がぎくしゃくする。

当初の計画を変更した場合、経営層へ報告しているため、それぞれの部門内でも共有されているはずである。しかし、サービス提供に重要な部門・メンバーであれば、自分たち自身で足を運んで説明したほうがよい。準備作業に忙しくとも、ここでも手を抜いてはならない。

IT部門との連携

デジタル戦略を実現する際には、これまで使ったことの新しい技術が導入されるケースが多い。クラウドサービスを活用するなど、新たにIT資産を購入する必要はないかもしれない。それでも、セキュリティの確保や、データへのアクセス権限の設定など、利用するときのルール

順守は必要となる。

顧客データを扱う場合には、社内システムからのデータ連携が必要となる。システム間接続、顧客情報に対するセキュリティ、万が一の事態になった場合のバックアップなど、ＩＴ部門の支援を仰がなければならない業務は多い。

デジタルイノベーション型組織や事業特化型組織などがサービスを立ち上げる際には、ＩＴ部門と次のことを調整しておく必要がある。

・新しい技術を導入する際の課題とリスク
・現行のＩＴ資産との連携方法
・ＩＴ機能、および、組織間における役割と責任分担
・最初の導入時における体制
・ＩＴ部門への引き継ぎ方法とタイミング

デジタル組織で新しい技術の検討や導入を行う場合があるかもしれない。この場合には、ＩＴ部門と明確に役割分担を行うことが必要となる。

一般的には、全社的にＩＴ資産の導入・管理を行うのはＩＴ部門である。デジタル組織が新技術の導入を検討しても、そのあとに引き継ぐのは既存のＩＴ部門になる。ただでさえ、管理

すべきシステムが多いのに、煩雑なシステムが加わってくると「誰がこんなものを作ったんだ」と組織間の軋轢を生む火種になる。場合によっては、ＩＴ部門が保守・管理を引き受けるのを拒否するかもしれない。

そうならないためには、まずＩＴ部門が全社ＩＴのガバナンスルールを明確にし、それに沿った形でデジタル組織もＩＴを実現していく必要がある。新しい技術を導入する場合でも、将来に向けて禍根を残さないように考慮しなければならない。

サービスの立ち上げ時は小さく始める。ただ拡大期に差し掛かると、システムの規模も大きくなり、安定的な運用を行う必要がある。こうなると他のＩＴ資産と同様に管理しなければならない。サービス量の拡大・拡張によっては、ＩＴ基盤を刷新することが必要になるかもしれない。

さらに、新サービスが拡大するとシステムの機能拡張は必須になり、急ピッチで対応を進めることになる。後先のことを考えずに改修を続けると、内部構造が複雑であったり、運用・管理が煩雑であったりするシステムになってしまう。そうしたことを考慮すれば、当初からＩＴ部門と連携を進めておいたほうがよいのは明らかだ。

こうした既存部門との連携で最も重要な点は、顧客に対して混乱させないように調整を図ることである。社内調整に意識を集中しすぎるあまり、この点を忘れてならない。

③ イノベーションリーダーの育成

CDOに求められる役割

全社横断型のデジタル戦略組織を率い、各事業部門長やCIO（最高情報責任者）と調整を進めながら、会社全体のデジタル戦略の方向性を定める役割を担うのが、これまで何度か述べてきたCDO（最高デジタル責任者）である。本書のメインテーマであるデジタルトランスフォーメーションの司令塔となる存在だ。

そのCDOの能力・経験資質としては、次のことが求められる。

●新しいデジタル技術に対する理解

――自分自身で新しい技術を使う努力を前向きに行う。「ITはよく分からない」という発言は禁句

●デジタル技術活用事例の研究

――他社事例を研究しており、その事例が自社ビジネスのどういうところへ活用できるかについてアイデアを持っている

●会社全体の事業を見据え、リアルとデジタルで発信すべきメッセージを統一
——どのようなメッセージを発信すべきで、どのようなことをすべきでないか、について明確に定義する
●各事業部門のビジネスに対する具体的な展開方法の検討（事業部門との共同検討）
——各事業部門におけるビジネスを理解したうえで、どのような応用方法があるのかを具体的に考える。事業部門からも、共同で検討する相手として認められている

ＣＤＯは会社としてのデジタル戦略を立案し、各事業部門に対する方針を提示する。方針や各事業部門との調整についても、前面に立って調整を行う。企業の規模や状況によっては、ＣＥＯ（最高経営責任者）が兼務してもよいくらい重要な任務だ。

ある大手企業では、ＣＤＯにグローバル企業で活躍したマーケティングの専門家を採用した。日本企業でありながら、日本人ではない。日本本社ではなく、米国にて活動を行っている。それほどのスペシャリストでないと機能しないと判断したものと考えられる。

デジタル戦略を推進するためとはいえ、各事業部門の意向を無視して進めるような「社内ディスラプター」であっては、ＣＤＯは務まらない。論理的にその必要性を説得できて、人物としても社内に認められている必要がある。「まぁ、彼が言うなら仕方がないか」と思わせられる人材が望ましい。

物事の本質を理解する洞察力に加えて、思考の柔軟性も求められる。社内の様々な事業を経験し、社内外に幅広く人脈を持っていたほうがよい。このため、複数の部門を経験している人材が望ましい。ITに詳しくなくてもよいが、まったく興味がないというのでは困る。

財務を管理する役割はCFO（最高財務責任者）であり、以前は「CFOが企業の動きをすべて把握している」と言われたものだ。企業経営に必要な数字情報はすべてCFOが把握している。どの事業部門の数値が良くて、どこが悪いかが分かっていた。事業そのものがまだシンプルであったこともあり、財務会計、あるいは管理会計上の数値から会社全体の状態を把握できた。

ITが企業にとって不可欠になってきた時代から、今度は「CIOが企業全体の動きを把握できる」と言われるようになった。ITは各事業のオペレーションと紐付いており、IT予算の使い方や導入するシステムを見ると、その事業部門の状況を把握できたのだ。

これからは、CDOが企業全体の動きを把握することになるだろう。どのような事業や業務を行っているかを把握し、どのようなデジタル戦略が適切なのかを判断することになる。デジタルとリアルの統合も大きなテーマである。それぞれの事業部門が何を行っていて、今後どのようなことを行おうとしているのかについて理解しておかなければならない。

ＣＤＯ配下のイノベーションリーダー

デジタル戦略の責任者といっても、実際にはＣＤＯが一人で活動するわけではない。ＣＤＯは経営層への説明や、既存組織との調整、外部の提携先との対話など、本質的な検討以外にも時間を割かれる。組織が大きくなればなるほど、その力学調整には時間がかかる。

ＣＤＯの配下には、参謀役となる「イノベーションリーダー」を置きたい。各事業部門から情報を収集する。収集した情報を基に、全社のデジタル戦略をどのように進めるべきかについての判断を下し、ＣＤＯに進言する。

次期ＣＤＯ候補と言ってもよい。事業部門の常識を壊して作りかえるくらいの大胆、かつ斬新な発想で、新しいデジタル戦略を考える。ＣＤＯに対するディスカッションパートナーとなる。企画だけを行ってきたのではなく、実務経験のある人材が望ましい。

イノベーションリーダーの役割は、「従来の事業部門では考えることが難しいであろう新サービスを、ＩＴの視点で検討する」ことである。トップが決めた方向性に従って、忠実に業務を遂行するような仕事のスタイルではない。指示待ちの人材では機能しない。

「デジタル戦略としてどのような製品・サービスを提供するのか」といった課題を定義するところから開始する。このときの課題としては、以下のようなものを考えていく必要がある。

・既存の各事業部門において、革新的と言えるものであること
・将来的に、事業部門の柱となる可能性があること
・会社や事業の方針と大きく異なるものではないこと
・会社を揺るがすようなリスクはないこと
・困難や障害はあるが、将来の事業展開を考えた場合に乗り切るだけの価値があること

従来の組織であれば、業務の進め方を標準化するほうが効率的に進む。今よりも改善すべき点があれば、プロセスを改善し、全員がそのやり方で業務を行えばよい。

だが、新しいサービスを生み出すには、従来と同じような働き方をしていても結果を出せない可能性が高い。朝9時に出社して固定の席に座り、最低限の関係者とだけコミュニケーションを取るようなお決まりのルーチンワークでは、クリエイティブな発想は生まれにくい。クリエイティブなプロセスで働いてこそ、イノベーションを生み、魅力的な新サービスを創造できる確率が高まる。

社外人脈とのネットワーキングも積極的に行うべきだ。アイデアが出ないときや、実現上の障害がある場合、業界は違っても豊富な知識や経験を持つ有識者からの意見が参考になることは多い。他業界の話であっても、それを取り込んで、自分たちのビジネスに生かせることがあるかもしれない。

新たな取り組みをゼロから始め、それを意味あるものにするには、自ら高いモチベーションを維持することが必要である。熱量が減れば、周囲は敏感にそれを察知する。一方で、自分自身の熱量を、他のメンバーに押し付けてはいけない。また、外部にアピールし過ぎるのも問題である。本当に熱意を持っていれば、それは行動に出て、周囲に伝播する。

既存の業務部門やＩＴ部門に対しても、未来の方向性を伝えていくことが求められる。新しいデジタル戦略と既存事業との間で何らかの利益相反があったり、感情面や組織の力学面においての衝突があったりするかもしれない。論理的な説明に加えて、リーダーの持つ熱量が、既存部門を動かすことに大いに役に立つ。

戦略的な育成

こうしたイノベーションリーダー像に適任の人材がいればよいが、どの会社でもそんなに多くはいないだろう。企業側は才能豊かな尖った人材を惹きつけておく土壌を整えておかなければならない。新たな取り組みにチャレンジすることを奨励する文化の醸成が重要な役割を果たす。

イノベーティブな人材はすぐには育たない。既存ビジネスで一線級の活躍をしてきた優秀人材に、明日からこれまでのビジネスをぶっ壊してほしいと言っても、マインドチェンジは難しい。そういうマインドを植え付けるには、若ければ若いほうがよい。

とは言え、デジタルに特化した人材のみを育成することが必要なのではない。どのような時代においても、新しいビジネスモデルやサービスの創出は必要であった。事業が安定する期間が長ければ、新しいことを行う必要がなくなる。そうなると、組織は硬直化し、いわゆるお役所的な風土・文化が蔓延する。こうなってしまってからでは手遅れである。

ある大企業の経営層は、主力である事業部門から選出されてきた。最大勢力である部門に配属になり、そこで頭角を現してトップマネジメントになっていくのである。だが、大きな外部環境の変化が訪れたときには、戦略の方向付けに対して極めて脆弱であった。

最大勢力であることにあぐらをかき、他部門が何をしているのかを理解しようとしなかった。自部門の部品の品質改善に注力し、全社的な製品やサービス全体の最適化には注意を払わなかった。一時期は成功した大企業であったが、結果的に他社の傘下に入る結果となった。

こうなってしまってからでは手遅れである。今のＩＴやビジネスに詳しくなることは必要だ。だが、それ以上に重要なのは、環境変化に対応する柔軟性を持つこと。そのための戦略的な人材育成には労を惜しまないことだ。

④ デジタル要員の育成

ＣＤＯ（最高デジタル責任者）やその参謀であるイノベーションリーダーだけでは、デジタル戦略を実現するまでは至らない。デジタル戦略を実現できる要員の育成と配置が欠かせない。こうした要員は、自社の強みを理解していることに加えて、デジタル戦略を推進するだけの能力を備えておく必要がある。

ビジネスとＩＴをつなげる力

ＩＴを活用して、デジタルビジネスを創造するためには、ビジネスとＩＴの両方を結び付けて、新しいアイデアを生み出す力が必要となる。そのためには、ビジネスとＩＴに関する両方の知識が求められる。どちらか片方だけでは十分ではない。

事業遂行に必要となる、詳細な業務知識が必要というわけではない。既存の基幹系システムを開発するようなＩＴ知識が求められるわけでもない。ビジネス、ＩＴ双方の本質的価値を理解し、その組み合わせでどのようなことが実現できるのか、というアイデアを出せる力が求められるのだ。

ＩＴを活用した新しい取り組みのほとんどは、「他社がやっているから」とか「若者たちの間で流行っているらしい」といった、他社や世間に遅れないようにする消極的アプローチが多い。だが、厳しい競争環境を生き残るためには、ユーザーの満足度を充足するようなカスタマーエクスペリエンス（ＣＸ）を提供していく必要がある。「誰かがやっている」ことを追いかけるのでなく、「誰もやっていないこと」を見つけ出していかなければならない。

企業のＩＴ活用に関しては、ビジネスに詳しい事業部門と、ＩＴスキルのあるＩＴ部門が連携して推進することが一般的だった。２つの部門が役割分担を行う。事業部門がニーズを伝え、ＩＴ部門でシステム開発を行う。だが、新たなデジタル組織においては、どちらか一方だけの役割では不十分だ。

コアメンバー

全社横断型組織ではデジタル戦略を立案して、各事業部門が導入することを支援することが主目的となる。事業やＩＴに対する素人が配属されても、何もできない。会社全体のデジタル戦略を定めて実行させるためには、自分たち自身がノウハウを持っておくことが必要だ。場合によっては、事業部門と一緒になって新しいサービスを考えていくことも求めたい。

一人でこれらのことをすべて行うことも可能だが、役割分担も必要となる。どの型のデジタル組織であっても、次のような人材を配置したい。

（1）ビジネスアーキテクト

サービスにおけるビジネスモデル全体をデザインする。誰にどのようなサービスを提供し誰から対価をもらうのか、つまり儲ける仕組みを考える。

（2）オペレーションデザイナー

新しいサービスにより、顧客にどのような価値を提供するのかを理解し、エンド・ツー・エンドでオペレーションのプロセスを設計する。できるだけ人手を介さずにサービスを提供する。必要なタイミングでデータの収集を行う仕組みを構築する。

（3）スーパーエンジニア

サービスを実現するために必要な技術を持ち、ITアーキテクチャを設計・実現する。プロフェッショナルプログラマーかもしれないし、ハードウエアを設計するエンジニアかもしれない。従来の技術にとどまらず、新しい技術を吸収し、それによって何ができるのかを検討する。

こうした要員に求められる能力について詳細に紹介しよう。

ビジネスアーキテクト

ビジネスアーキテクトは、アイデアを基にユーザーにとっての価値を提供し続ける仕組みを考え、それによって収益をもたらすビジネスモデルを設計する役割を担う。

新しく考え出したアイデアが本当に斬新なのか、世の中で通用するのか、といったことを判断しなければならない。実際にサービスを利用するのはユーザーである。このために、ビジネスアーキテクトはユーザー視点を持ち、客観的に評価して判断しなければならない。

一人の人間でも、生活シーンにより視点が変わる。この多面的な視点を掘り下げなければならない。40代の働く主婦を対象とした場合、女性、妻、母親、ビジネスパーソン、子供の学校での位置付けなど、様々な視点を経験しているはずだ。

自分だけでできる経験には、どうしても限界がある。男性がこうした主婦の経験をシミュレーションするのは極めて困難だ。経験や知識が不足している部分については、チームとして補う必要が出る。

このため、チームにはダイバーシティ（多様性）が重要となる。例えばチーム構成は可能な限り、消費者の属性の割合に合わせる。商品やサービスが女性向けであるならば、女性マーケッターにチームの一員として活躍してもらう。

ユーザー視点を掘り下げるのとは別に、国内・海外を含めた同業他社をはじめ、他業種においても先進的な取り組みを行っている企業の事例を、広く収集して理解しておくことも有効である。ベストプラクティスの研究と言い換えることもできる。事例を真似るのではなく、そこに至った考え方やプロセスから、自社に転用するのである。

他社の施策内容から、背景にある考え方やプロセスを深掘する。ベストプラクティスをうまく生かすには、その考え方やプロセスを自社に転用できるレベルまで読み替えて、翻訳しなければならない。

他社のベストプラクティスの背景にある考え方やアプローチを知るには、その企業に直接聞いてみるのが一番早い。実際に同業他社や他業界にベストプラクティスの裏側を、積極的に聞きに行くことをお勧めする。

他社が成功した考え方やアプローチを、そのまま自社に当てはめようとしてもうまくいかない。ほとんどのベストプラクティスは、外部環境としてその企業の市場の変化など特殊要因があったり、内部に巨額投資を正当化できる特有の事情があったりする。

つまり、他社と自社では問題解決に当たってのコンテクストが異なる。そのコンテクストの違いを一つずつ解消しようとしてもキリがない。他社の考え方やアプローチを聞いた後で、なぜそのような考えに至ったのか、なぜそのアプローチを採用したのかを、相手の立場に立って、まさに〝憑依〟するかのように深く考えていくことが重用だ。

相手が無意識のうちに決めていることまで、いったん自分の意識下に落とし込んで、なぜそう決めたのかを掘り下げる。この段階を踏まないと、ベストプロクティスのコアにある原理にまで到達できず、自社のコンテクストに合った形に翻訳できない。

こうしたことができる人材は従来でも、事業部門や企画部門において育成することに力を入れてきた。だが、ビジネスアーキテクトを育成するには、今まで以上にビジネスセンスを身に付けさせたり、戦略的思考力を磨き上げさせたりする取り組みを加速する必要がある。

ＩＴに対する抵抗感をなくさせることも必要だ。ＩＴについて「何となく」理解していても、その根本にある思想や構造にまで踏み込んで理解できていないケースが多い。そうなると、新しい技術の将来性だけでなく、現実性を理解できずに、うわべで検討して判断してしまうことになりかねない。

今の時代においては、ＩＴ部門発のビジネスアーキテクト、つまりエンジニア出身のビジネスアーキテクトを生み育てることも、極めて需要だ。最新のＩＴをベースにした自社らしいビジネスモデルの構築には、自社のＩＴ部門を経験したエンジニアが主体的に取り組むべきである。新しい時代のビジネスアーキテクトは、「ＩＴで何ができるのか」を習得し、ビジネスコンサルタントとしての基礎的な知識を学び、早い段階から実戦で活用しながら育てる。こうした形が理想である。

オペレーションデザイナー

オペレーションの設計、すなわち、どのような視点で業務プロセスを設計すべきか、法律を順守する上でどのような確認処理が必要か、どのような体制と要員で運営するのかについては、言及されることは少ないが、極めて重要である。

どんなに優れたビジネスのアイデアであっても、事業として運営できる形で実現しなければならない。サービスを提供するためには、営業活動や顧客アクセスから開始し、最後の会計処理に行き着くまでにどのようなプロセスが必要なのか、どのようなデータを収集すべきかに重点を置いて設計しておかなければならない。

オペレーションデザイナーは、新しいサービスで何が変わるのか、顧客にどのような価値を提供するのかを理解し、エンド・ツー・エンドでオペレーションのプロセスを設計する。できるだけ人手を介さずにサービスを提供し、必要なタイミングでデータの収集を行う仕組みを構築するのが役割だ。

従来は、「既に存在している業務フローをIT化する」という考え方だった。現場で業務を行っているユーザーに「どうすればよいか」を尋ねて、既存業務の分析を行い、システムに対する要求事項をまとめ、その通り実現すればよかった。

だが、新しくサービスを立ち上げるような場合には、ヒアリングする相手がほとんどいない。「言われたものを開発する」姿勢ではなく、「ITをビジネスに活用するためには、新たな仕組みが必要」として、オペレーションの設計をリードすることが重要になる。

ITを活用したバリューチェーンを設計することになるため、ITに精通したメンバーが中心になることが望ましい。場合によっては、その場でプロトタイプを作り上げてしまうくらいのスピード感が必要なのである。事業部門からのアドバイスも有効ではあるが、現行の業務を前提にはしない。現行のやり方がなぜ必要なのかを1ステップずつ確認し、そのやり方を疑い、否定するくらいで考える。

新サービスでやろうとすることと類似した業務が現行にも存在するのであれば、そこで発生している課題や解決策についても確認しておきたい。新サービスでの考え方を事業部門にぶつけることも有効である。事業部門にとっても、業務改善のための良いアイデアが浮かぶかもしれない。互いに刺激を与えることで、改めて気付くこともあるだろう。

オペレーションデザイナーに求められる能力は次の三つ。しかも、その三つともを併せ持たなければならない。

一つめは、エンド・ツー・エンドのプロセス設計力だ。サービス提供に必要な全てのプロセスとデータの設計を行う。サービスの立案を行う際には、「業務のこの範囲しか分からない」ということは許されない。しかも、極力手作業が発生しないようにする。

「どこで、どのような例外処理が発生する可能性があるのか」「それを検知する仕掛けと、対応処理方法は何か」についての想定する能力も必要となる。立ち上げ当初は、障害が起きても人海戦術で何とかなるが、データ処理量が増加すると、人手での対応は困難になるからだ。さらに、システムでさえ処理しきれなくなる可能性も出てくる。

二つめは、データ処理設計力だ。顧客から取得したデータはすべてシステムで処理される。処理に関するデータの収集機能の設計も必要となる。「誰が、どのデータを、いつ、どこで、何を使って入力したか」「どのようなチェックを、どこで行うか」「システム内では、どのようにデータを加工するのか」「どのようなデータを、いつ、どこに出力しておくのか」「どのタイミングにおいて、どのデータを蓄積するのか」「何を目的として、どのような分析を行うのか」といった一連のデータ処理プロセスを想起しておかなければならない。データ処理設計は、プロセス設計と並行して行う。

そしてもう一つが、アプリケーション設計力。プロセス設計とデータ処理設計に、どのようなシステムを実装すればよいのかを設計する能力である。画面設計から始まり、データベースの構造や実装するアプリケーション構成を定義する。

スーパーエンジニア

新しいサービスのコンセプトが出来上がったら、それを一刻も早くITとして実装しなければならない。その中核を担うことを期待されているのが、スーパーエンジニアである。

ここで言うITとは、サービスそのものに使われるITである。対象となる領域や技術によって、エンジニアのタイプは異なる。アプリ機能であれば、プロフェッショナルプログラマーであろうし、IoT（モノのインターネット）などから得たデータを用いたサービスであれば、データサイエンティストであろう。いずれにせよ、必要な機能を短期間で構築する技術を持ったエンジニアをスーパーエンジニアと呼ぶことにする。

新しいサービスの立ち上げでは「革新的なカスタマーエクスペリエンスを構想する力」と「それをリアルタイムにＩＴで具現化する力」の二つが必要になる。「何をすればユーザーが便利になるのか、面白いと感じるのか」といった需要（ユーザー）側の目線と、「ＩＴを活用すれば何ができるのか」といった供給（ＩＴ）側の目線とを併せ持って考えることが求められる。

プロフェッショナルプログラマーは、新しいサービスのアイデアを短期間のうちに実装することができるエンジニアである。短期間というのは、早くて数時間、遅くとも数日という時間感覚である。例えば、ユーザーが使うスマート端末上でアプリ機能を見せるだけでなく、必要なデータベース構造やビジネスロジックも設計する。

プログラマーというと、世の中で言うところのＳＥ（システムエンジニア）といった職種を想像するかもしれないが、大きく異なる。決められた要件仕様に基づきプログラミングを行うといった従来のエンジニアとは全く違う。サービスの仕様を自分自身で工夫しながら、小規模なシステムをすべて自分自身で構築するスキルを持ったエンジニアである。

ＩｏＴで考えると、例えば、必要なセンサーを必要な場所に設置してデータを取得する。そのデータを分析しながら、ユーザーに提供するサービスを設計することが必要となる。ヒトやモノの動きを想起し、センサーの設置場所や、データの取得方法を考えておくことが必要となる。取得したデータをリアルタイムに解析しながら、より個々の顧客に対してカスタマイズされたサービスを提供する。こうしたサービス全体の流れとデータ解析を行うのがデータサイエンティストとしての役割になる。

エンジニアと言っても、要素技術の詳細まで熟知する必要はない。ＩｏＴを利用するにしても、その技術の詳細を理解しておく必要はない。ＩｏＴを自社サービスに取り入れることにより、何ができるようになるのか、実現に向けて何が障害となるのかを理解しておくことが必要である。

スーパーエンジニアは、技術に関する情報・知識を一般的にＩＴリテラシーの低い事業部門や、最新のＩＴ動向をフォローアップしていないトップマネジメントに対して、分かりやすく説明することが求められる。これまで使っていたものとは違う技術ならば、経営や事業部門にとっては理解し難いものになってしまう。近くにいる同僚にさえ理解してもらえないかもしれない。

「新しい技術にワクワクして、いろいろと試したくなる」「技術に対して自分なりの見識を持つ」「有識者間での議論を楽しむ」人がスーパーエンジニアには向いている。自分自身の考え方に自信を持つことは大切であるが、外部からの意見を積極的に取り入れる柔軟性を持っておきたい。

重要となるマインドセット

以上のいずれのタイプにも共通するのは、新しい取り組みに対するマインドセットである。デジタル戦略を実現するまでには様々な壁がある。社内の各部署との調整も簡単ではない。これに立ち向かって打ち勝つためには、困難に立ち向かう前向きな姿勢が必要である。困難に立ち向かう挑戦意欲、既存事業だけでは将来性が不安であるとの危機意識、現状から脱却しなければならないという改革意識を持ち合わせなければ、求められている業務を遂行していくことは難しい。

従来の事業から離れた立場になることは、孤独との戦いでもある。デジタル戦略の可能性を理解していない周囲からの抵抗や反発に直面する。新しいものに対して抵抗を示すのは、既存事業にどっぷり浸かった人たちの常である。

社内で発言力があり、「知識と経験はあるが創造性のない」人は厄介である。既存のビジネス領域で成功体験を築き上げてきたエキスパートであり、社内での発言力は大きい。新しい価値観を受け入れないことも多い。

デジタルトランスフォーメーションを推進するには、社内の常識と対立しなければならないこともあるのだ。周囲から反発を買うだろう。社内の抵抗勢力とも上手く向き合い、時に嘲笑を受けても意欲を持ち続け、成功するまで頑張ることが重要だ。ただ、一人だけで頑張るのではなく、組織を上手く巻き込んでいくことが必要なのは言うまでもない。

戦略的育成計画

要員の育成については、ビジネスを経験させるほうが先なのか、ITを経験させるほうが先なのか、との議論がある。大局的に考えると、どちらでもよい。行きつく先は同じなので、どの道を選ぶのか、ということの違いだけだ。

事業部門で醸成・習得すべきことはビジネスセンスである。ビジネスがどのように成り立つのかを理解するということである。もっと極端に言えば、理論は大学などで勉強しておき、現実的にどのようなことが起きているのかだけを現場で体得するだけでもよい。

変に現場での商習慣を刷り込まれると、これまで述べてきたような常識からの逸脱が難しくなる。ビジネスの現場では徒弟制度が取られることが多い。先輩の教えに沿って、後輩は仕事を覚える。特に新人で配属されると、何も知らない状態なので、仕事を刷り込みやすい。

現場での常識を刷り込まれてしまってから、発想の転換を求めるのは難しい。「今まで習ったことをすべて忘れろ」と言っているに等しい。配属された方からすると、「今まで覚えたことは何だったのか」となる。

また、先に事業部門の現場へ入ると、ITに対する抵抗感が強くなることが多い。自分たちがニーズを伝えて、それを実現するのがＩＴであると教えられる。ＩＴ部門の人たちと話しているると、ＩＴは特別なものだ、ＩＴ部門は別人種だと考えてしまうことさえある。企業によっては、部門間で立場の強弱が発生する。事業部門が上で、ＩＴ部門は下、という具合だ。

ＩＴ部門が先であれば、詳細な要素技術から習得することになるケースが多い。一般的とは言えない特殊なシステムや技術の担当になることもある。担当するシステムが大規模になれば、全体像がつかめず、担当となった狭い範囲だけを覚えるケースもあるだろう。

こうなると、一システム担当者になってしまう。「ある分野は得意だが、それ以外になるとまったく分からない」という具合だ。ＩＴ部門に配置されたとしても、ＩＴの本質が何かをまったく理解しないまま、日常業務に埋没することになる。

ＩＴに対するアレルギーを無くすためには、一定期間ＩＴの設計や開発に従事する期間は必要だろう。ただ、バランスが必要だ。どちらにしてもバランス良く経験し、ビジネスとＩＴそれぞれの本質を理解することに力を割かなければならない。

人材育成にあたっては、どの部門にいるかを問わず、まずデジタル戦略組織に向いた人を選抜することだ。次に戦略的な育成計画を立てる。例えば、ＩＴ部門の人材なら事業部門に配属することでビジネスを経験させるといった具合だ。各部門に配属する場合には、その部門長と育成の目的を共有しておく。各部門で雑用に使われてしまったのでは、人材教育の意味をなさない。

社外における先進的技術の活用事例に触れさせ、有識者との交流も活発に行わせたほうがよい。常に最新の情報に触れられる環境を作り出す。新しい情報や技術に触れ、イノベーションに対する感覚を磨かせておくのである。

要員のコーチ役も重要である。何を学んだのか、何に興味を覚えたのかを共有する。議論しながら、対象要員の目線を引き上げさせる。次に何をすべきかを一緒になって考える。コーチ自身の勉強にもなる。このコーチこそが、イノベーションリーダーである。

5 ダイバーシティを受け入れる組織文化の醸成

多様性の必然性

イノベーションを起こすためには、異なる視点から事業の検討を行うことが必要となる。多様な背景を持つ人材を集めて、違う考え方をぶつけ合うことで、新しい発想が生まれる。

筋の良いアイデアをいかに多く創出できるかが、イノベーションの鍵となる。このとき、従来の常識や概念にとらわれていてはだめだ。とはいえ、天才的な個人の発想に頼るのもよくないし、そもそも天才が企業にいるとは限らない。

新しいアイデアをひねり出すためには、同じ考え方を持った人間を集めても難しい。違う視点を持つ人間が集まり、革新的なアイデアが生まれるのである。

組織のマネジメントを効率的に行うためには、価値観が似ている均質的な人材を集めたほうが上手くいく。阿吽の呼吸で、メンバー間で大きく違わない意思決定を下すことができる。従って、企業は生い立ちが似通った人材を採用し、画一的なトレーニングを施し、自社の色に染めていくアプローチを取ってきた。

これまでの組織であれば、違う文化を持つ人材を一カ所に集めてマネジメントするのは容易ではない。組織運営の効率性を目指したいのに、違う意見を言われると組織としての足並みが乱れる。

だからと言って均質的な人材を集めていたのでは、誰が考えても同じ発想に落ち着いてしまう。あくまでも違う発想を求めるのであれば、価値観や育ってきた環境・背景、持っている知識やスキルが違っていたほうがよい。

こうした多様化した人材を受け入れる組織文化を醸成する必要がある。考え方や生まれ育った環境・背景が異なると、互いの個性を認め合うことが難しい。多様性を認め合う文化は、トップダウンで醸成していく必要がある。

発散と収束のプロセス

もちろん、多様な人材を集めるだけではダメだ。組織のメンバーや社内外有識者との討議を重ねながら、アイデアの発散と収束のプロセスを継続的に回すことが重要である。発散のプロセスでは、とにかくアイデアの量を増やすことに集中し、収束のプロセスでは、発散したアイデアを大胆に絞り込みながら質を高めていく。

発散のプロセスでは、アイデアを生み出しやすい「場」の設定と「空気」の醸成、生み出したアイデアをさらに発展させる多様な知見が求められる。この二つがうまくかみ合った時に、アイデアは加速度的に増えて行く。場の設定と空気の醸成の具体的な方法として、専門家頼みの排除、過去の成功体験の忘却、他人のアイデア否定の禁止が挙げられる。

その道の専門家の意見のほうが正しいという考えを捨てなければならない場合も生じる。自分が知らない、または理解しにくい領域になると、専門家に頼りたくなる。専門家の意見が正しいのではないかと思ってしまう。

新たなアイデアを出す際、その分野についてどの程度知識が豊富であるかどうかは重要ではない。最終的に製品・サービスを使うのは顧客なのだ。当該分野に関する知識や経験からスタートするのではなく、顧客の目線に立つことが必要だ。

「こんなことを言ったら恥ずかしいのではないか」というくらいの意見のほうが、新たな発想につながることが多い。コンサルティング会社では、入社1カ月の社員にでも、ミーティングの場では何かしらを発言することを求める。経験的に、コンサルティングスキルを訓練されていない素人のほうが、常識にとらわれないアイデアを出すということを知っているからだ。

過去の成功体験に対しては客観的に見るようにしなければならない。過去の経験のすべてを捨てるわけではなく、しっかりと成功要因を振り返り、それを次の機会に生かせるようにしておく。顧客、競合、自社も変化と進化を続けている。成功した時点の状況とはまったく異なることが多い。環境による部分と、行動による部分を分けて、異なる環境の下でも通用する再現性を担保しておくのだ。

他人が出したアイデアをいきなり否定的な態度から入るのも良くない。まずは、アイデアの量を増やすことが最大の目的である。否定的な態度から入ることでアイデアを出そうとする雰囲気を壊すことになる。一見無関係に見える意見でも、深く掘っていくことで、新しいアイデアにつながることもある。

一見無意味に見えるかもしれないアイデアを、本当のイノベーションにまで昇華するためには、先進的な技術トレンド、事業モデル、消費者・顧客経験への理解、デザインの知見を使ってつなぎ合わせる作業が必要だ。一つのアイデアの粒から、AI（人工知能）を使えば、フリーミアムモデルを使えば、フリクションレスにするには、という形で発想を膨らませて行く。実現可能性は考えず、思いつきで構わないのでアイデアを広げる。

こうした多様な意見を受け入れる土壌が、新しいアイデアの創出には必要となる。同じような知識や経験を持つメンバーだけだと、アイデアを発散することは難しい。

いかに、バックグラウンドが異なり、多様な知識と経験を持つ人材を集めることができるのかが発散、すなわちアイデア創出の段階で必要となる。ここで求められる多様性、すなわちダイバーシティは、性別、年齢、国籍などの属性でも、ワーク・ライフ・バランスという価値観でもない。組織における経験と発想力の多様性なのだ。

非連続性への取組み

デジタル戦略組織など新設する組織には、「非連続的な思考」が必要となる。一つのアイデアを考え付いたら、それをいかに事業として成立するモデルに作り上げることができるかについて、前提条件なしで考えてみる。そのアイデアについてのイメージを膨らませる。

このオリジナルのアイデアをさらに膨らませるために、多様な経験・知識を持つ人材を集める。ミーティングの中で、全く違う意見が出される。「えっ」と思うが、よく聞くとそれなりに筋が通っていたりする。様々なバックグラウンドの人材が、互いに知恵を出し合う。これが発散のプロセスである。

次に、発散のプロセスで出されたアイデアを整理して、その本質を見極めていく作業が必要となる。意見を取りまとめるのではない。構造化するのである。本質的に顧客の課題解決に結び付くものが、何で、それをどのようにビジネスとして組み立てるのか、といったビジネスモデルを考えなければならない。この作業を続けていくのが、収束のプロセスである。

収束させるにあたっての注意点は、企業の理念に反しないようにすることである。「新しければ何でもよい」ということではない。そこには、これまで築いてきた「我が社らしさ」があるはずである。社会や顧客に提供してきた自社らしさである。

こうした発散と収束を繰り返すことで、オリジナルのアイデアを革新的サービスのアイデアに磨き上げていく。

求心力を働かせる

発散のプロセスで出された様々なアイデアを整理・統合するには、ロジックに基づく構造化、フレームワークの活用が必要となる。最終的には企業としてどのようにしたいのかといった価値観により、フィルタリングをかけることになる。

ロジックによる構造化では、アイデア同士の関係を整理することになる。アイデアの中には似たものが含まれている。この似たアイデアをグルーピングする。グルーピングされたアイデア群は、そのアイデアの抽象度によって関連付けられる。あるアイデアは、他のアイデアをより具体化したものになっている。より概念的なアイデアを上位とし、具体的なアイデアをその下として紐付けて、アイデア群の中を整理する

次に、アイデアの中身にヌケモレがないかをチェックする。具体的には、顧客（Customer）、競合（Competitor）、自社（Company）の3Cのフレームワークで、考慮されていない項目がないかを確認することが多い。

機能別の場合には、バリューチェーンとして考えたほうがよい。マーケティングへの活用がテーマであれば、AISAS（Attention Interest Search Action Share）というフレームワークに沿って、アイデアを展開する。

磨き上げたアイデアは、ミッション（Why）、ビジョン（What）、バリュー（How）といった企業としての価値観に基づきフィルタリングする。なぜ組織としてそのサービスを行うのか、あるべき姿をどこに置くのか、そこにいかに到達するのか、を共有しなくてはならない。日々の仕事の中で、「この仕事ってなんかウチらしいよね」という言葉が出てくるようにするのが目標だ。アイデアが価値観に合っているかを決めるのは、論理ではない。アイデアを分解して、この点はミッションに合致している、この点はバリューに沿っていないと分析的に見るものではない。単純に感性に沿って「ウチらしい」のか判断して行く。会社の基本理念として言語化しておくことが望ましい。

経験や価値観が異なる多様な人材が集まっていても、この企業が何をしたいのか、が暗黙の

了解となっていることが重要である。多様な人材に活躍してもらうには、組織には負荷がかかる。求心力となるものを持っておく必要がある。

求心力は組織のコアとしての価値観から生じる。その強さは組織のステージにより異なる。創業期・成長期の企業では、創業者が体現してきた価値観が色濃く残り、強い求心力が働く。中途採用者が多くても、一方向へ向かせることを大胆に行える。

成熟した企業では、求心力が弱くなりがちだ。トップの想いが末端にまで浸透するには時間がかかる。強い遠心力に耐え切れず、組織が崩壊してしまうこともある。組織が崩壊しないように、異分子の取り込みを一定の量に抑えていく必要がある。

ちなみに、厚労省の雇用動向調査では、従業員1000人以上の規模の企業全体で、2014年に全従業員数の7・6％の中途社員を毎年受け入れている。100～299人の企業では、9・4％、30～99人の企業では10・7％に達する。

会社が成熟して大きな企業になるほど、外からの多様性を受け入れる割合が少なくなる。組織を画一的に維持するほうが簡単だからだ。大企業はこの組織の硬直化と戦っていかなければならない。せっかく多様性のある人材を雇用しても、画一的な組織風土が嫌になって辞めてしまうケースも多い。

ビジネスを開始したばかりで少人数の企業は、中途採用により多様性が保たれている。これまでの業務経験に基づき、自分の好きなように仕事を進める可能性もある。これを回避するために、企業としての文化を育てていく必要がある。「前の会社では」という発言を無くすようにしなければならない。

日々の行動の変化

大抵の人は、自分自身がイノベーションを起こせるとは考えていない。誰か特殊な人が起こすものだと考えている。しかし、イノベーションが生まれるのは、生まれ持った才能と同じくらい、習慣が大切で、トレーニングが必要だという研究もある。

新しいアイデアを考えるにしても、基礎的な知識は必要だ。重要なのは、視点の引き出しをどれだけ多く持っているか、ということである。知識として必要なのはITに関するものだ。だが、企業を支えている業務システムのことではない。新しいITとはどのようなもので、どのようなことができるか、を理解しているということである。引き出しは、どれだけいろいろな角度から視点を変えることができるか、という柔軟性である。

「顧客視点になれ」とよく言われる。サービスを使う顧客の視点になり、どのようなサービスが良いのかを考えることである。しかし、顧客視点になり切るのは簡単ではない。どうしても自分自身の見方になる。そこで、実際の顧客が何をどのように使っているのかということについて、事実をベースに理解することが必要となる。

このためには、顧客の行動を観察することが第一である。なぜ、そのような行動を取ったのかについて質問、深掘りして初めて気付く。こういった「観察」と「質問」を繰り返すことで、ようやく対象顧客の視点に気付くことになる。

対象となる顧客層をまず決めよう。近くにいる人の行動と、なぜそのように行動したのかを理解する。そうしている間に、メンバーはそれぞれ、自分自身の感性が高まってきたことを自覚できるだろう。

6 経営の役割

デジタル化の推進

デジタル戦略を担当する組織や人材について述べてきた。組織を立ち上げたからといってすぐにデジタル戦略を実行に移せるわけではない。ＣＤＯ（最高デジタル責任者）だけで成果を上げることは難しい。

既存の事業部門との調整や要員採用など、すべての業務をデジタル組織に任せきりにしては、デジタル戦略の実現は難しい。これまで書いてきた通り、全社目線で物事を運ばなければならない。

最終的には、経営層全体で責任を負う覚悟が必要だ。多くの企業においては、デジタル化によるイノベーションの必要性に迫られている。一つの製品・サービスにおける競争ではない。産業自体をディスラプション（破壊）する可能性があるのだ。

会社としてイノベーションを実現するには、経営がリーダーシップを発揮しなければならないことは言うまでもない。中期経営計画にデジタル戦略への取り組みを明記し、数値目標を明確に掲げる。そのための体制を構築する。こうしたことを経営が行うことで、全社に向けた強いコミットとなる。

メディアを通して、自社のイノベーションに対する取り組みや成果を公表することも有効だ。株主をはじめとするステークホルダーとの約束になるため、内容についてはじっくり検討する必要があるが、経営としての大きな意思表示になる。

社員に対しても、経営トップが本気になって取り組んでいることが、メッセージとして伝わる。他社に先駆けて製品やサービスを投入することが何より重要であること、自前主義にこだわって他社に先を越されてしまっては意味がないことを社員に理解してもらい、戦略推進への協力体制を固める必要がある。

役員も「ＩＴはよく分からない」という発言をしてはならない。全社一丸となって進めているところに水を差すことになる。経営トップやＣＤＯにすべて任せるのではなく、それぞれの役員が自分の管掌する組織で何ができるのかを真剣に考えることが必要だ。

小さくてもよいので成功事例をいち早く作り上げ、業務部門や既存のＩＴ部門に、その成果を具体的に証明したい。それがあると、「なるほど、こういうことか」と社内の理解を得ることができる。

現場浸透への徹底

新しい取り組みは、従来型組織において「総論賛成、各論反対」となりがちだ。担当役員や事業部門長の了解を取り付けても、現場の課長や担当者レベルは現業に追い回されて、協力できる状況にはないケースも多い。

「話は分かるけど、自分たちとは無関係」「今の仕事とのつながりが分からない」といった無関心者や、「他もやっているから、うちも焦っているのだろう」という評論家が多数出る。いくら経営層が声高に叫んでも、現場に浸透するには時間がかかる。

デジタル戦略を実現化、つまりデジタルトランスフォーメーションを達成するためには、できる限りの経営リソースを投入し、本気になって取り組まないと実を結ばない。それぞれの部門が本気になって取り組むように方向付けしなければならない。担当役員から担当部課長、そして危機意識の高い社員に対して、協力を仰がなければならない。

推進に向けての大きな原動力の一つは、「危機感の醸成」である。「ディスラプターに破壊されてしまう危機感」だ。こうした危機感を社内で共有しておきたい。

同じ目線に立って危機感を共有することで社内の足並みがそろう。そのためには、経営トップとタウンミーティングを開催する、デジタル戦略に関するワークショップを開催するなど、経営陣による草の根的な活動も必要だ。

推進力のもう一つは、これからの新しい事業展開についての知的好奇心を煽ることだ。新しいことにチャレンジしたいと思っている社員もいるはずだ。こうした社員を積極的にデジタル化推進のための活動に参加させたい。

社外とのコミュニケーション強化

革新的デジタルサービスを構築するためには、外部の情報が重要な情報源となる。外部とのコミュニケーションを推奨する施策も必要だ。社内に閉じこもって考えていては発想に限界がある。

社外の情報を取得するデータベース事業者との契約や、どこでも働けるモバイル労働環境の整備、外部セミナーへ参加するための予算などは最低限必要となる。社外有識者とのコミュニケーションネットワークも会社として構築しておく必要がある。

経営トップ自らが外へ出て、新しいデジタル人脈を作り上げることも重要だ。現場社員だけでのネットワーキングには限界がある。経営トップは宴席だけではなく、高度な知識を持ってディスカッションの場に臨む必要がある。

外部で得た情報は、社内のメンバーと共有する。それとともに、自社に対する〝意味合い〟を討議する機会を作りたい。「この新しい技術は、自分たちの事業にとってどのような意味があるのだろうか」「この企業と提携するのであれば、どのような形があり得るのか」。

どんな技術やスタートアップ企業であっても、自社のビジネスに対する意味合いはある。融合・提携することで、有効に機能させられる可能性はある。この可能性について、経営トップ自らが徹底的に討議したほうがよい。

最終的には「インパクトが小さい」「この技術や企業でなくてもよい」といった結論になるかもしれない。だが、議論することが重要なのである。

その時は思い付かなったとしても、別のアイデアを新しく想起することがあるかもしれない。自分自身にとって新しいことは何もなくても、一緒に議論するメンバーにとっては大きな気付きとなる可能性もあるし、社外の情報に対するアンテナ感度も高くなる。

メンバーのビジネス発想のレベルは、経営層よりは低いかもしれない。だが、目線を上げさせるように働きかけることが重要だ。後進の育成も非常に重要な経営課題である。

チャレンジする風土の構築

新しい取り組みにチャレンジする風土や文化を作り上げることは極めて重要だ。減点主義での評価制度を採っていれば、あえてリスクを冒してまでチャレンジをしようとする人はいなくなる。

失敗しても、そこから新しいことを学ぶことを良しとする風土にしておかなければならない。経営トップやCDO自身が躊躇してリスクを取れなければ、配下のメンバーが率先して行うことはあり得ない。革新的なサービスを考案して実現できる、才能豊かな尖った人材を惹きつけておくこともできないだろう。

ビジネスの教えの中には「売り上げを最大限に伸ばし、経費を最小限に抑える」というものがある。そのまま当てはめてしまうと、投資するにしても「ケチ」なものとなる。本当に必要な投資かどうかを見極めず、コストを最低限に抑えるという考え方になるのだ。

だが、デジタル戦略を定めたのであれば、それを実現するための投資は全力で行うべきである。ここでいう投資は、巨額な設備投資などの話ではない。

必要な技術を手に入れ、それを生かす基盤を整備し、最適な要員を惜しまずにつぎ込む、ということだ。既存の組織の個別最適を優先していては、戦略の実現はおぼつかない。

こうした思い切った投資を行うことで、「経営が本気だ」と現場は納得する。もちろん、投資を行うためには、可能な限り成功確率を高めるように努めなければならない。「戦略なき投資」は投機であり、現場には逆効果に働く。

企業の風土改革は、経営にしかできない。現場主導で、現場業務の改善はできる。だが、現場のカルチャーを変えろと命じても上手くいかない。現場にはそれを行うインセンティブがないからだ。

次世代経営人材の育成

革新的サービスを考案できるようなイノベーティブな人材はすぐには育たない。既存ビジネスで一線級の活躍をしてきた優秀人材に、明日からこれまでのビジネスをぶっ壊してほしいと言っても、マインドチェンジは難しい。

そういうマインドを植え付けるには、人材が若ければ若いほうがよい。これからの時代にあった人材を教育する制度を整えるべきだ。そうでないと、いつまで経ってもイノベーティブな人材や技術は外部から採用するしかないという状態が続く。

イノベーションを起こすために、高度な技術や専門性は不可欠であるから、様々な専門家を集めることは重要である。しかし、実際にビジネスを検討して開始するためには、核となるリーダーが必要だ。

本書では、イノベーションリーダーと称して、その人物像や育成について触れた。リーダーは必ずしもスペシャリストである必要はなく、様々なメンバーや部署と会話できるジェネラリストであるほうがよい。

長い間、同じ部署で一線級の活躍をしてきた人材は、会社の財産であるのは間違いない。知識と経験が豊富で、その道に通じている。だが、多くの部門を渡り歩き、様々な文化を見てきた人材のほうが、それぞれの立場を理解して束ねることができる。

そして、何よりもこうした人材は、環境が大きく変わっても対応することができる。サムスンは、新人の時代から有望な人材を見知らぬ海外で仕事をさせる。ネスレも、経営幹部候補にはグローバルで様々なポジションを経験させる。

要するに、環境変化に対して柔軟に対応できる人材を、戦略的に育成している。たまたま良い人材が育ってきたので抜擢した、というのでは偶然の産物に頼ることになる。

優良なグローバル企業は、何年も前からこうした人材を戦略的に育成してきた。日本でも、戦略的なリーダーシップ教育を始めた企業もある。「うちは人材がいない」と嘆くのは、経営の怠慢と取られてもおかしくない。

是非、次世代の幹部候補をデジタル戦略の構築・実現の場で育成していきたい。

おわりに

この一年間を振り返るだけでも、デジタル技術を取り巻く環境は一変した。「えっ」と驚くサービスも出始めた。FinTechやIoTについては、マスコミでも紹介され、一般用語として定着してきた。当初は「一体何なのか」と疑問を呈していた人も多かったが、内容についての理解は進んできた。

本書で述べた通り、新しいビジネスモデルを考えるのがデジタル戦略であり、そこに大きなビジネスチャンスが眠っている。確かにビジネスモデルを考えるのは簡単ではない。考えたとしても、それを相当の速度で実現していくのも大変な労力を要す。

一方で、いまだに、今のトレンドをこれまでのITと同列に考えている傾向もみられる。「一体FinTechで何ができるのでしょうか」「今までもあったよね」といった類の意見をいただく。

確かにその通りだ。ITを活用して、新しいビジネスモデルを構築する取り組みは、これまでも行われてきた。問題は、そのスピードと、新しいビジネスモデルが産業に与えるインパクトの大きさだ。

デジタルディスラプターは、あらゆる可能性に着目して新しいビジネスを創り出そうとしている。「自分たちでは実現困難だ」と考えている従来型企業は危機感を強め、スタートアップ企業への投資を始めた。自分たちでは対応しきれないので、新しい技術を取り込もうとの考えに基づく。

新しい技術を買っても、それを自社のビジネスに生かさなければ意味がない。新しいビジネスモデルを考えずに、スタートアップ企業の技術だけを買っても上手くいかない。

新しいデジタル組織を作ったにもかかわらず、その組織にいる人たちから「今まで経験がなかったので、ITが分からない」というコメントを聞くことがある。デジタル技術について勉強を急ぐ必要がある。遠巻きにして様子を見ている人たちには、時代遅れになっている可能性を伝えて、共に考えてもらうように巻き込んでいくことが必要だろう。

ITがビジネスモデルの進化を後押ししていることは、まぎれもない事実である。大量の情報を滞りなく処理し、インターネットにより情報の伝達を革新的に向上させた。スマート端末やGPSを使わない人はいなくなった。

そして、今後の事業成長にとって、ITがさらに重要なカギを握ることは疑う余地がない。

新しいビジネスモデルの立ち上げは簡単ではない。かなりの数の失敗もするだろうし、組織内での摩擦も起きるだろう。ただ、グーグルにせよアップルにせよ、最初からうまくいったケースなどほとんどないのだ。

手が空いている人に新サービスの立ち上げを任せるのではなく、強いリーダーを選別して従事させなければならない。リーダーをどのように選別・育成するのかも、今後の重要なテーマだ。突然変異を期待するのではなく、戦略的に育成することが必要だ。

組織を効率的にマネジメントすることだけを目指すだけでは不十分である。どうやれば強い組織を作り上げられるかを考えなければならない。イノベーションを生み、効率化と効果を最大化するためのガバナンスを強化しなければならない。

強力なリーダーの下に、どのようなメンバーを付けるのか、周囲の組織にどのように協力を求めるのか、といった巻き込みも重要である。ベンチャー企業とは違い、大企業で培ってきた組織力は強力な武器である。

日本企業の底力は素晴らしい。問題点が多々あっても、何とか解決してきた。どうすればもっとうまくやれるか、と日々努力してきた。そして今、革新的デジタルサービスを立ち上げ始めた企業も出始めている。多くの日本企業が一刻も早く、こうしたデジタル技術による変革、デジタルトランスフォーメーションに取り組んでいただきたい。

「デジタル技術を活用した新しいビジネスを始めたい」という若者も多い。こうした若者が将来を担う。必要な教育を施して必要な場を与え、全面的にバックアップしていくべきだと、心から思う。

最後に、本書を書く機会を頂き、企画段階で有益なアドバイスをしていただいた、日経コンピュータの木村岳史氏には心から感謝申し上げたい。日々顧客企業の支援を行う忙しい合間を縫って執筆を行った、弊社のコンサルタントにも深く感謝したい。

これから、日本企業がどのようなデジタル戦略を立てて実現していくのだろうか。何年か先には、「デジタル戦略と騒いでいた時代もあった」と回顧するタイミングがくるだろう。

株式会社ベイカレント・コンサルティング

戦略から業務・ITまでをカバーする日系総合コンサルティングファーム。ハイテク、通信、IT、金融、製造、流通など幅広い業界で日本を代表する企業を総合的に支援している。

小塚 裕史（取締役）

大手IT企業、戦略系コンサルティング会社を経て現職。
金融、製造業、サービス業など幅広い業界で、全社/事業戦略の立案、業務改革、IT戦略立案・マネジメントなど、顧客の経営課題に対して幅広く対応。デジタル技術を活用した新サービス立案、企業変革推進についての経験も有する。

宮崎 丈史（エグゼクティブパートナー）

戦略系コンサルティング会社を経て現職。
通信、メディア、ハイテク企業を中心に、新規事業・サービスの立上げ、事業再構築、マーケティング戦略の立案から実行までを支援。ハイテク企業に対する新規事業に関するアイデア出しから、成功に導くためのストーリー作成を得意とする。

小貫 信比古（パートナー）

大手商社、戦略系コンサルティング会社を経て現職。
金融・ヘルスケア・消費財・エネルギーを中心に、M&A、事業戦略、マーケティング戦略の立案から実行支援まで幅広く対応。デジタルマーケティング戦略・ガバナンス構築に加え、フィンテックやブロックチェーンのプロジェクト支援に参画。

鈴木 邦太郎（パートナー）

戦略系コンサルティング会社を経て現職。
通信、メディア、ハイテク業界を中心に、新規事業立上げ、オペレーション改善、IT戦略立案から実行までを支援。リーダー育成や企業風土改革など、組織・人事に関するテーマについての経験も有する。

藤川 正徳（パートナー）

大手ハイテク企業、戦略系コンサルティング会社、外資消費財企業を経て現職。
ハイテク、消費財、金融と幅広い業界において、事業戦略、マーケティング戦略の立案から実行までを支援。事業提携に際して営業・マーケティング、オペレーションまでの支援や、デジタル戦略の立案・実行支援も実施。

橋本 航（シニアマネージャー）

大学卒業後、ベイカレントに参画。
通信、メディア、ハイテク、エネルギー業界を中心にM&A、既存事業の成長戦略、新規事業立ち上げ、営業・マーケティング改革、組織変革など幅広く支援。 デジタルマーケティング、ビッグデータ/AI、IoTなどのデジタル戦略に関わるプロジェクトを多数経験。

花野 正弘（シニアマネージャー）

大学卒業後、ベイカレントに参画。

証券、保険、通信を中心に、ＩＴ、業務改革プロジェクトに参画。大規模システム開発のプロジェクト管理に加え、AI技術を活用したナレッジデータベース構築、DMPの導入・活用などのプロジェクトを支援。

八木 典裕（シニアマネージャー）

大手IT企業を経て現職。

金融、輸送機器、通信といった業界を中心にシステム構築案件に従事、システム開発の現場経験を軸に、IT資産管理、ITコスト最適化等のコンサルティング経験を有する。ブロックチェーンをテーマとしたプロジェクトに参画。

デジタルトランスフォーメーション

破壊的イノベーションを勝ち抜くデジタル戦略・組織のつくり方

2016年9月16日　初版第1刷発行
2017年9月25日　　　第2刷発行

著　者　株式会社ベイカレント・コンサルティング
発行者　吉田 琢也
発　行　日経BP社
発　売　日経BPマーケティング
〒105-8308　東京都港区虎ノ門4-3-12
装丁・制作　松川 直也（日経BPコンサルティング）
印刷・製本　大日本印刷株式会社

ISBN 978-4-8222-3757-8